爆品思维 2

ONE BIG SHOT

社交创业
私域流量
超级IP
超级爆品
超级内容
超级社群
新匠人
方法论
合伙人
新零售

社交时代的创业法则

徐荣华　著

化学工业出版社
·北京·

图书在版编目（CIP）数据

爆品思维．2，社交时代的创业法则/徐荣华著．—北京：化学工业出版社，2020．6
ISBN 978-7-122-36476-0

Ⅰ．①爆… Ⅱ．①徐… Ⅲ．①网络营销 Ⅳ．①F713．365．2

中国版本图书馆CIP数据核字（2019）第046935号

责任编辑：温建斌　龚风光　　装帧设计：尹琳琳
责任校对：王素芹

出版发行：化学工业出版社（北京市东城区青年湖南街13号　邮政编码100011）
印　　装：中煤（北京）印务有限公司
710mm×1000mm　1/16　印张16　字数175千字
2020年6月北京第1版第1次印刷

购书咨询：010-64518888　　售后服务：010-64518899
网　　址：http://www.cip.com.cn
凡购买本书，如有缺损质量问题，本社销售中心负责调换。

定　　价：68.00元

致敬这个时代的匠人

2016 年，我的处女作《爆品思维》通过化学工业出版社出版，我从产品如何打造的角度总结出了那个时代的爆品思维，感谢读者的支持，拙作历经多次印刷。

然而，每次印刷我都心怀愧疚，因为事隔近 4 年，我实践了更多的案例，总结了更多的规律，领悟到更好的法门，现在看来旧作有诸多需要改进的地方，尤其在超级 IP 打造、社群运营层面有了更深刻的感受，我非常有必要把更新鲜、更有效的方法论拿出来答谢读者。

这一本书与其说是谈社交创业，倒不如说这本书是致敬这个时代匠人的一部作品，因为这个时代即将有一群人登上创业的顶峰，书写社交创业的新篇章，他们就是这本书中大量提及的匠人，一旦他们掌握了这本书的精髓，他们就会拥有另外两个身份——超级 IP 以及社群领袖，从而在社交创业领域取得成绩。

在当今大家都谈“匠人精神”的今天，其实我们对匠人的定义还没有一个严格的标准，西方提倡的 1 万小时，中国提倡的“十年功”，其实，都在讲时间的沉淀，我认为从时间的维度去判断是否匠人还不够。

这一年来，我和许多匠人以及匠人拥趸者，一起发起一个“匠群会”的社群，在线上和线下社群的勾兑中，我发现——那些死磕完自己小宇宙的人，那些打造出完美交付物的匠人，或者正朝着匠人路上前行的人，他们都有三个共同的特质：

1. 坚持做自己喜欢的事
2. 坚持做超越自己的事
3. 坚持做对他人有益的事

当一个人坚持做自己喜欢的事，他就会快乐和开心，就会感染许多人，生命本身短暂，快乐做事远比赚钱更为重要，更何况这个时代已经到了“只想赚钱的人赚不到钱，快乐工作的人才能赚钱的时代”。

当一个人坚持做超越自己的事，他就会成长，不管一个人学到了别人多少方法论，如果不能在继承中加以创新，在实践中不断超越，那么他就会停滞不前，无法成为一个出色的人。

当一个人坚持做对他人有益的事，他实质上是在积攒信任货币，在这个社交时代，一个人的信任资产是最大的资产，坚持做对他人有益的事，他就会获得源源不断的社交货币。

当一个人拥有了以上所说的“三个坚持”，他就不会被这个时代的浮躁所感染，他就能安心地历练自己，静心地打磨产品。

凡跟“事”相关，都离不开“道法术器”，本书旨在通过我的大量实操案例，带领以“匠人”为主的社交创业者，掌握社交创业的“道法术器”。

真诚地向所有读者说声谢谢，正因为你们，这本书才更有价值；正因为你们，社交创业才变得如此趣味盎然！

徐荣华

2020 年 3 月

目录

001

第一章 社交创业的春天

071

第三章 超级内容

125 /

第四章 超级社群

177

第五章
超级爆品

第一章 社交创业的春天

老徐谈社交创业

ONE
BIG
SHOT

1

老徐谈社交创业

创业者自己都没走通的社交创业模式，就别指望有合伙人或者代理商能走通。

2

老徐谈社交创业

这个阶段的创业者，如果打造的是消费升级型产品或服务，创业伊始就进入传统渠道或者传统电商，老徐断言——有一百种以上的死法却很难找到一种活法。

3

老徐谈社交创业

越是聪明人，越要懂得下笨功夫，社交创业，匠心是道，模式是术，有道无术术可求，有术无道止于术！

4

老徐谈社交创业

琢磨物质不如琢磨精神，琢磨人性不如琢磨人信，琢磨分销不如琢磨动销。

5

老徐谈社交创业

所有消费升级型产品的创业者有三个死亡陷阱：其一，低价搞促销；其二，竭力干品牌；其三，努力找渠道。

商业革命来自于渠道革命

20 年前，我们生活中的所有货品几乎都来自线下实体渠道，百货中心、批发市场、大卖场、药房、便利店、美容店、理发店雨后春笋般地冒起，所有人都在争夺线下战场，所以那时候营销行业有句定论——得渠道者得天下。

15 年前，电商刚刚有苗头的时候，我参加过一次会议，主持人问有多少人在网上买过东西，举手者寥寥，许多人认为在网上买东西不靠谱。毕竟没有亲眼见到过实物，总归有些不踏实。而现在，据国家统计局网站发布的最新数据显示，2019 年全国网上零售额 106324 亿元，占社会消费品零售总额的比重为 20.7%。据中国互联网络信息中心发布的第 44 次《中国互联网络发展状况统计报告》显示，截至 2019 年 6 月，我国网络购物用户规模达 6.39 亿。

3 年前，我在举办“爆品思维总裁班”的时候，问所有参会者，已经在朋友圈购买过朋友商品的人有多少，举手者也寥寥。而当下，我再问同样问题的时候，举手者已经超过一半，那些之前觉得这辈子都不会购买朋友圈商品的人，不知不觉已经转变了观念。

社交渠道，正在不知不觉地改变我们的消费习惯，正在融入我们每个人的生活。

一切商业革命，本质上都是渠道革命。

一切商业红利，本质上都是流量红利。

我们先从三个渠道本身的特点说起。

一 实体渠道特点 以线下半径为原则的守点经营

实体渠道，一般也指传统渠道，我们生活的周围从餐馆到洗衣店，从水果店到便利店，从五金店到母婴用品店，从花鸟市场到建材市场，从美容美发到养生馆，这些都是实体渠道的范畴。

实体渠道的特点是某种产品（或服务）从生产商（或服务商）手中转移到消费者手中所经过的路线较长。在实体渠道中，除了生产商和消费者外，还有中间商存在，如一级批发商、二级批发商、分销商、零售商等。

这种多层级的结构不利于效率的提高，逐层加价也导致产品（或服务）失去价格竞争优势，每经过一个渠道层级中间商就要抽取一定比例的利润，而且渠道商还要支付高昂的房租和人力成本，最终到达消费者的价格就要增加，导致产品（或服务）失去竞争力。

同时，单向式、多层级的流通使信息不能得到准确、及时的反馈，企业的销售政策不能得到有效的执行落实。

而且，实体渠道对产品（或服务）的空间有一定的要求，受制于高昂的商业地产成本，以及逐年上升的人力成本，实体渠道发展缓慢，除非消费者本人必须亲自前往消费的实体渠道外（如餐饮、电影、教育、旅游等），类似于服装鞋帽日用百货等产品型渠道都受到电商巨大的冲击。

当下，实体渠道面临的竞争压力，除了应付线下的同业竞争之外，更要面对电商和社交渠道带来的压力，如何突围，这需要一个系统的解决方案，唯有不断学习和探索，才有机会把握住当下的社交红利，才能成功突破瓶颈。

1. 纯传统渠道创业的红利已经过去

今天，等客进店的传统坐商完全没有红利，我们发现越是早转型、早拥抱互联网的实体渠道，就越能从竞争中脱颖而出，无论是抖音诞生的网红奶茶店，还是一个街边餐饮店通过大众点评获得50%的无需进店客户订单，互联网正在渗入实体渠道。

无论我们情愿或者不情愿，学习互联网，融入互联网，玩转互联网，是每个实体渠道从业者必要的功课，要么革命，要么等着落后挨打。

**案例 1
从专卖店撤离后的
韩超群转型之路**

韩超群，安徽宿州人，2005年来上海创业，在上海某电脑城开设了第一家三洋投影仪专卖店，赶上中国电子类信息类产品的高速增长期，创业的前5年生意很不错，他陆续又在上海的其他卖场开了3家店，最高一年能做到6000万元左右销售额。

2013年以后，投影仪市场竞争加剧，价格越来越透明，利润越来越薄，再加上包括电脑城在内的实体店越来越不景气，韩超群陆续关了所有的专卖店。关店之后，韩超群开始了艰难的转型过程，他的转型主要集中在以下5个层面。

其一，从依赖装修公司、同行等中间商，转型到直接针对C端销售产品。

早期在电脑城销售，多数投影仪是通过装修公司等中间商销售出去的，但随着整个行业价格透明，本身利润 就很薄的投影仪很难进行利润拨比，去中间化是大势所趋。韩超群开始积极投放媒体广告，注重培养C端客户，通过不断为C端客户提供优质服务获得口碑。

其二，从提供单品投影仪转型到提供音频视频的综合解决方案。

早期韩超群只卖投影仪，但是针对C端客户后，他在销售过程中发现客户有更多的需求，韩超群开始不断完善产品线，形成了音频和视频全套解决方案，目前形成了家庭影院、家庭卡拉OK、会议室多媒体、商场地面互动、全息影像、沉浸式影音馆等系列产品，并从销售产品转变成“为客户提供音视频系统解决方案”。

其三，从传统门店渠道转型为提供社交与体验结合的视听空间。

传统门店渠道仅仅起到产品的展示作用，客户奔着产品而来，谈好价格拿走产品，谈不上有任何客户体验。韩超群觉得应该给客户提供更为震撼的影音体验场景感，尤其是C端客户，他们更相信眼见为实，于是在静安区投入300万元打造了一个300多平方米的视听体验馆，融合卡拉OK室、全息投影体验、家庭影院、酒吧音响体验间为一体，既是一个大型的社交空间，也是一个绝佳的体验空间，客户所见即所得，能够更直观感受即将购买产品的视觉和听觉体验。

其四，从坐等客人上门，转型到社交获客。

早期在传统渠道销售投影仪，都是依赖商圈自然流量，但是经营视听体验馆的时候，自然流量骤减，韩超群开始用心经营社交渠道，他是国内IP的三阶学员，建立了一个同频的几百人的社交圈；加入了上海匠群会，认识了几百位匠群会发起人和会员；加入了上海的安徽商会，和几百位商会朋友建立社交关系，并通过老客户答谢活动建立老铁客户群。

其五，从代理投影仪品牌转型为打造个人IP。

早期的韩超群代理投影仪品牌，本质上是一个贸易商或中间商，转型后的韩超群深知，只有个人品牌强大了才有机会获得更大的价值，因此他开始用心经营自己的朋友圈，目前，韩超群的微信好友数已经达到5000人左右，这5000人大多数社群成员和老客户，都是信任和认可韩超群的朋友和客户。另一方面，韩超群积极打造自己的IP，启动了自己的抖音号，学习抖音获客的方法，在视听空间里结合产品拍摄短视频获取客户。

从韩超群的转型实例当中我们不难发现：只有以用户思维为导向，为用户提供有价值的产品或解决方案，再结合当下最热的“社交流量”，才有机会突围成功。

2. 传统渠道最应该拥抱社交渠道

虽然说这几年大家普遍唱衰实体渠道，但是另一方面，实体渠道还是具备一定优势的。

首先，从物理距离来说，实体渠道是距离客户最近的终端，能够近距离解决客户立刻需要的产品或服务。其次，实体渠道的所有产品或服务是可以从视觉、触觉、听觉等层面感知，并可以体验的，减少了客户的试错成本。最后，我们生活在实体世界里，互联网带来的革命无论多么轰轰烈烈，依然解决不了我们线下消费的必要性和乐趣性，吃饭、交友、旅游、养生这些事，还是需要本人亲自参与的。

对于所有从事与实体渠道相关产品或服务的从业者来说，社交渠道是他们转型最便捷的一个方式，因为这些实体渠道是距离消费者最近的渠道，能够用最简单直接的办法获得社交流量。

未来，实体渠道的店主和从业者，将会诞生大量的社交创业型合伙人，他们一方面从意见领袖（社群领袖）那边获得新知识、新玩法、新产品，一方面他又将这些新知识、新玩法、新产品分发到他的实体渠道和社交渠道里，从而获取居间利差。

二 电商渠道特点 以陌生客户为需求的线上经营

电商渠道是通过网络虚拟商城将货品送达消费者手上的一种购物方式，在整个过程中，淘宝、天猫、京东、唯品会等电商平台，本质上都是“中介”的角色，这些“中介”拥有巨大的流量，一方面吸引有产品的商家入驻，一方面吸引有需求的消费者购买。

1. 每一次最早参与变革的一定不是既得利益者

在电商发展初期，最开始介入电商的往往不是传统渠道里的那些品牌大佬，那些品牌大佬以线下渠道为王，躺着赚钱的时代品牌大佬是不愿意转型的，所以，最早介入电商渠道的是一些个体创业者和小微企业主。

然而，随着电商流量崛起，各大电商平台开始与线下渠道品牌进行对接，最早的一批小微商户中只有很少一部分通过电商平台发展成“独角兽”，翻开2018年天猫“双十一”的亿元俱乐部名单，苹果、华为、优衣库、美的等8家突破10亿元，还有229个品牌在1亿~10亿元之间，总计237个品牌进入亿元俱乐部。在盘点这237个品牌的时候，我们会发现一个现象，这其中仅有三只松鼠、韩都衣舍等不超过10个品牌是没有传统渠道经验的纯电商品牌。

电商走到如今，一句话形容——红利最终还是被商品品牌霸占了去。因为在消费者的心智层面，那个商品的“品牌”代表了安全，代表了身份，代表了价值。如果这些品牌商品再搞一些价格手腕，消费者必定会为其买单。

最近两年，很多学员问我如今能否在传统电商平台创业，我用三句话反问他——

你是否拥有一个自带流量的品牌?

如果没有请放弃!

你是否能打通供应链并制造出高性价比的产品?

如果不能请放弃!

你是否愿意花钱烧流量豪赌一个电商平台的权重?

如果不愿意请放弃!

2. 当下，传统电商创业的红利已经过去

一方面，品牌企业加入，挟品牌势能强势入驻，瓜分品牌拥趸者；另一方面，品类泛滥，同类商城竞争加剧，拼价格拼到最后两败俱伤；最后，平台方面是分配流量的“神之手”，所有平台都会遵循“马太效

应”——你做得好我会让你更好，你的流量转化高我会给你更多流量。

在电商平台上，创业者的新品牌、新产品几乎无法获得免费的平台流量，只能靠购买站内站外流量来进行转化。而截至当下，不依靠品牌自带流量，不依靠平台免费流量，仅依靠购买流量能够赚到钱的电商企业，很少能熬过两年。

对于已经感受到传统电商竞争压力的商家，不妨思考下如何借力社交渠道来获得红利。

案例 2
用电商获取客户，再把客户转为粉丝

程会，一个在温州做女鞋电商的创业者，温州匠群会发起人之一，算是最早一批在电商获得红利的创业者，随着这几年鞋品类竞争加剧，程会团队不断创新推出新品，不断优化推广方案，销售额有所提升，但利润逐年降低。

程会听了我对社交创业的方法论后，回去开始运营粉丝和社群，客户在天猫店铺里下单后，客服用回访、加微信领红包等方式添加客户的微信号，这种方式能够把20%的天猫店客户转化为微信粉丝。继而，团队在微信里建立品牌特卖群，定期释放红利，发布新品。

粉丝不可能和任何一个客服产生信任关系，为了和粉丝以及群员产生

黏性，程会团队采取了“鞋服搭配师”“品牌首席设计师”等IP在群内进行运营。同时，程会团队非常善于制作内容并且和粉丝互动，很多粉丝的买家秀都放在群内传播，群员看到其他买家穿出的效果，很快便产生转化。2019年全年，3个人的团队运营8万多粉丝，产生了1000多万元的销售额，关键是这部分销售额没有扣点也无需支付平台广告费用。

三 社交渠道特点 以支持和参与为导向的经济行为

社交经济一直存在，比如，我们许多企业家或创业者一定和朋友合作过，有的朋友在牌场、酒场相识，有的朋友在校友会、商会里相识，相识之后因为有了一定的信任基础，继而产生了经济往来。

在20世纪90年代的皖南农村，家家户户都有养猪的习惯，每当农民缺钱的时候就会宰只猪，处理干净后，左邻右舍你两斤他三斤的，反正自家要吃肉，不一会200多斤猪肉就被左邻右舍买完了。看似寻常的乡村场景，其中也蕴涵着社交经济的属性，蕴涵着社群的协作。

10年前，在移动互联网还没有普及的时候，我一个同事是重庆人，他的妈妈在家乡手工制作一种当地的特产——麻辣腐乳，很受同事欢迎，每当大家嘴馋的时候，就让这位重庆的同事叫家里发几罐尝尝，每年这个固定的圈子也消费他家的麻辣腐乳2000多瓶。看似寻常的买卖关系，其实也是早期社交创业的雏形。

1. 半熟社交是社交创业的核心人群

当下，微信的普及，抖音与快手的崛起，每个人获取信息的及时性和方便性大大提升，另外，通过线下聚会、兴趣群、朋友介绍等方式，更是许多有“粉丝经营”意识的个体聚集了大量的粉丝。现阶段，几乎每个人的社交半径被放大多倍，许多人的半熟社交达到2000人甚至5000人的规模，更有甚者，有的人的半熟社交达到数万人的规模。

半熟社交是指有一定的熟悉度，彼此有共同的朋友或共同的兴趣，甚至共同参与过某类社群的协作，虽然并未见面或见面也未深聊，谈不上深交，但能够对对方的“人格化标签”有一定的熟知，也了解对方经营的产品和服务。

目前的社交创业，不仅仅是完全针对熟人的一种创业行为，更延伸到半熟社交的人群。其实，社交创业更大的想象空间是“半熟社交”，我在课程上经常强调：个体的社交创业是否能够成功，不在于原先积累的熟人人脉的多少，而在于你的半熟社交的数量有多大，对方对你的认可度有多高。

半熟社交是一个笼统的称呼，从一成熟到七成熟都可以称之为半熟社交，以微信好友为例，我估算了一个人的社交分类表，该分类表可以检索出你的朋友圈到底是哪些人在关注，以及其熟悉程度和占比数量。

以常规2000个好友数的社交创业者为例：

熟悉度	数量	好友描述
熟人社交	100人以内	多数认识超过5年，见面次数超过20次，能够彼此叫出对方全名，清晰对方的家庭情况，手机通讯录里存有对方电话，主要集中在家人、亲戚、老铁、闺蜜、老同学、老同事等。多数一起吃过饭、喝过酒
7成熟社交	200人左右	多数认识超过2年，见面次数超过5次，能够清晰记得对方的姓氏，主要集中在邻居、朋友推荐的朋友、生意伙伴、线下社群伙伴、孩子同学的家长、同事等。多数一起喝过茶或聊过天
5成熟社交	500人左右	彼此有过线下交集，但见面不超过5次，微信聊天总时长不足30分钟，彼此知道对方做什么，彼此知道对方的价值，可能一起参加过某类社群活动或线下聚会，若长时间没有协作产生或见面沟通机会，该类好友逐渐降低为3成熟或1成熟。同时，若有好项目的协作乃至社群的凝聚，该类好友也可成为7成熟乃至熟悉的老友
3成熟社交	1000人左右	见面次数只有1 ~ 2次甚至没有见过面，看到对方朋友圈偶尔会点赞，但与对方并无深层沟通，无法了解对方的具体家庭、生活、工作情况。该类好友人数众多，信任度不强，如长时间不经营就会逐渐沦为“僵尸粉”
1成熟社交	200人左右	在偶然情况下（朋友推荐或线上群或线下活动）与对方添加为微信好友，从来也没有见面，大多数在微信里也从来没有沟通，有一部分甚至被对方删除

在社交创业如火如荼的今天，我们每个人的微信里都有2000个左右有一定信任基础的、可以直接触达的、终身免费的流量，这些流量在当下被称为“私域流量”，私域流量的核心玩法是以“半熟社交”为根基的流量变现系统，特别强调的是：这个变现系统绝不是以收割“小白”为目的，而是以共同协作、共同创造价值为前提。

所以，如何能够扩大自己的半熟社交，如何建立与半熟社交的信任关系，如何促进半熟社交成为C端客户，如何发掘半熟社交里潜在的代理或合伙人，以上“四个问题”值得每个社交创业者深度思考。

2. 社交创业的本质是愉快地玩耍顺便做点生意

传统渠道是基于线下半径为原则的守点经营，电商渠道是以陌生客户为需求的线上经营，其实这两种商业方式已经满足了所有消费者产品层面的需求，在传统渠道和电商渠道几乎没有你买不到的产品。换言之，如果仅仅以产品需求为导向，社交渠道完全没有存在的意义。

社交的载体是人，社交的本质是人和人的链接，而人的链接，就会产生敬佩、理解、认可、同情等情感因素，以这些情感因素为核心，在信任建立的情况下，双方自然而然地产生了价值的交换。

比如，我们小区里张姐来自浙江台州仙居，她老家的山上种了几十亩的杨梅树，大家基于对她认可，所以买了她家的杨梅。再比如，刚刚初为人母的小李因为不方便上班，所以在家做云集，她身边不少朋友理解她的不易，然后大家去她创业的云集平台上购物，为小李补贴一些奶粉钱。再比如，我们社群里一个成员老季患癌症了，大家产生了同情的情感，一个月的时间大家购买了老季2000多盒茶叶。

**案例 3
老徐的《爆品思维》
发起社交众筹**

2016年7月，距离老徐的处女作《爆品思维》新书正式发行还有两个月，老徐在朋友圈通过图文影音等方式，发起了《爆品思维》的书籍众筹，制定的目标是用1个月时间众筹5000本。

为了激励粉丝参与，凡是购买20本《爆品思维》并分发给企业家朋友的读者，老徐赠送价值1980元的“爆品思维总裁班”听课门票一张；凡是众筹2本《爆品思维》，其中一本送好友的读者，老徐为两本书签名留言，并邀请进入线上“爆品思维读者群”学习勾兑；凡众筹1本《爆品思维》的读者，老徐亲笔签名并书写留言。

在内容层面，老徐在公众号写了两篇文章——《老徐就这样革了自己的命》《写在〈爆品思维众〉筹当天》，并设计了3张朋友圈海报，以及结合了大量的粉丝支持截图。通过自己的7个微信号约计3万粉丝，每天至少做1次书籍众筹的内容，进行为期一个月的朋友圈和线上推广。

4周时间，支持众筹20本的有100多人，支持众筹2本的有1000多人，其余参与者都是众筹1本，老徐的处女作《爆品思维》，仅用28天时间，就在自己的朋友圈众筹了6120多本，超过最初制定的5000本目标。

我们不难发现，无论是买书、买杨梅、买茶叶等，我们能在各种场合，甚至用更低的价位买到类似的产品，为什么我们要去购买朋友圈里那个人的产品，其本质原因是基于对这个人的信任和支持。

所以，社交创业的本质是愉快地玩耍顺便做点生意，一切以传统思维去玩社交渠道，仅仅在宣传产品价值或产品低价，没有建立在“对人的认可”基础上产生链接，必定会跌得头破血流。

四 三大渠道的特点和未来

1. 三大渠道的特点

渠道形态	对产品的要求	对传播的要求	动销核心
传统渠道	品牌为王	电视媒体为主	品牌、地段、终端数
电商渠道	价格为王	平台广告为主	价格、流量、详情页
社交渠道	爆品为王	自媒体+社群	爆品、内容、信任度

传统渠道是通过电视广告塑造品牌，抢占消费者心智资源，继而通过线下布点，获得消费者的选择，这种方式对品牌、地段以及终端数量有着极高的要求。对于当下创业者来说，传统渠道同质化竞争尤为激烈，选择传统渠道突围将会非常困难。

电商渠道是通过在电商平台展示商品详情页，获得平台给予的自然流量，继而产生转化，这种方式对平台免费给予的流量有很大依赖。常规来说，电商平台在初期会给商户大量流量，到竞争激烈阶段，这些流量都会被平台拿来出售，或者分配给品牌知名度更大、销售能力更强的商铺。对于缺乏品牌背书，以及尚未获得足够权重的商铺来说，选择电商渠道突围也将非常困难。

随着全民社交的兴起，以及微信、抖音等社交平台的崛起，社交渠道正呈现前所未有的增长速度，每个人的半熟社交数量都在呈现不同的增长，在这个阶段，社交创业者应该以个人IP获取平台上的粉丝，以微信自媒体内容来和粉丝产生黏性，以社群的方式链接同频合伙人，以爆品为最终交付物，最终实现流量的转化。

2. 三大渠道的未来增长预测

渠道形态	2018年规模	当下占比	预计2024年规模	平均年增长
实体渠道（零售）	35万亿元	77.7%	45万亿元	7%
电商渠道（零售）	9万亿元	19.9%	20万亿元	16%
社交渠道（零售）	1.1万亿元	2.4%	15万亿元	71%

实体渠道进入负增长，电商渠道增长缓慢，社交渠道增长幅度高达71%。这个数据虽然只是推测，但我相信在未来5年，社交渠道会带给近1亿人创业机会。

试问：当一种商业模式容纳1个亿的工作岗位，这种创业要不要被鼓励，要不要积极地去研究它从而顺应这个时代的创业潮流。

3. 渠道新物种：社交流量+

无论是传统渠道还是电商渠道，都有机会结合“社交流量+”，因为社交流量在这个人和人链接的时代，“社交流量+”正在为一切传统渠道提供“低成本获客”的解决方案。

当实体渠道遇到“社交流量＋”，咖啡馆可以参与社交众筹，民宿可以借助意见领袖获客，美容院通过招募合伙人来运作，水果店老板的微信装着周边小区1000多个爱吃水果的用户，越来越多的实体渠道通过社交流量获客，或者通过建立强链接的方式获取链接者背后的私域流量，经过社交流量结合的传统渠道，无需坐等客户，也无需给互联网中介平台分佣。

当电商渠道遇到“社交流量＋”，快手直播的网红可以通过淘宝直播销售产品，抖音的玩家在抖音里开通了京东的商城，拼多多可以让一个朋友为了拼团邀请10个好友参与，云集和贝店商城建立了一套分销机制，让近百万创业者分享商城里的货品。

正因为有了“社交流量＋”的存在，越来越多的新玩法和新物种产生，比如，越来越多的培训机构抛弃街边店，转移到房租更适合的写字楼；比如，以社区为半径的社区拼团新玩法产生，基于社区社交和线下自提门店的方式，解决了消费者购物的最后一百米距离。

在未来相当长一段时间，由于社交流量相对便宜，且有“超级IP”或“链接器”的信任背书，实体渠道和电商渠道借助“社交流量＋”产生的新物种和新玩法将层出不穷。

案例 4 上海铭睛眼镜店的转型

近年来，中国眼镜行业的零售格局也正在发生着剧烈变化，眼科医院、视光中心、快时尚以及互联网+等业态的迅速崛起，让传统眼镜零售行业的业绩告别了过去爆发式增长，加上传统眼镜店的租金、人力等经营成本不断攀升，传统眼镜店面临着前所未有的发展困境。

2016年，作为铭睛眼镜店创始人兼CEO的洪青女士，也感受到传统眼镜店渠道的发展压力，她发现传统的街边店经营越来越难，便思考着如何能够更低成本地获取客户，如何将自己的眼镜店进行转型。

洪青有三十多年和眼镜打交道的经验，曾在全球某大型眼镜集团担任设计品牌总监，也曾在法国某公司担任中国董事总经理，曾经为许多上海知名主持人和沪上明星提供眼镜的美学搭配服务，而且由于个人形象气质极佳，为人豪爽大气，她的圈子里对她非常认可。

她决定撤离街边店，搬到市中心的写字楼，并将“铭睛眼镜店”更改为“铭睛眼镜工作室”，将430平方米的写字楼一分为二，一半装修成会所形态，可以喝茶喝咖啡，举办各种沙龙，一半装修成验光配镜服务中心，陈列产品和提供验光配镜服务。

装修完成后，洪青邀请圈内好友到自己的会所来举办沙龙活动，每次活动洪青就《看和被看的艺术》进行分享，并重点强调眼镜不仅是功能产品，更应该是美学搭配产品，并根据不同顾客的职业、脸型、肤色、型格为客人量身打造最适合自己的装饰品——眼镜。

经过2年的经营，如今，每周三下午，铭睛眼镜工作室已经形成固定场次的沙龙，每场沙龙都在30人左右，而且来参加沙龙的朋友有时会邀请新朋友来参加，形成了源源不断的客流。

同时，为了增加工作室的流量，洪青参与到多个社群的协作当中，和匠群会、德申会、隐商会、对上人脉银行等成熟社群进行高频次协作，协作过程中凡是遇到有眼镜需求的社群成员，洪青和她的团队都服务无微不至，为社群成员提供最佳的眼镜与美学搭配方案。

如今，在自己的社群和伙伴们的社群里，“买眼镜找洪青”已经成为众多社群成员的共识，洪青在一个写字楼里，顺利完成了传统商业到社交商业的转型。

五 社交渠道创业的四大要素

中国最早的营销理论来自于西方，大家谈论的4P，来自于菲利普·科特勒的方法论，即：

产品（Product）——挖掘产品有独特的卖点，注重产品的功能诉求；价格(Price)——根据目标消费者，制定相应的价格策略；渠道(Place)——组建销售网络，注重经销商的培育；促销（Promotion）——用广告来诱导消费者，以促销方式促成消费。

然而，这种传统的4P理论在面对社交渠道的时候就会显得格格不入，因为传统的4P理论是“以产品为中心”的“货—场—人”模型，而社交渠道是“以人为中心”的“人—场—货”模型，所以对应的四大要素有所不同。

传统的商业都是基于消费者的物质需求展开，而社交创业的本质是基于满足粉丝和社群成员的精神需求展开，这里面产生最大的差异是：传统商业是在经营产品，而社交渠道是在经营人。

当下，面对社交渠道的方法论也呈现百家争鸣的理论，我提出的社交创业的爆品思维方法论，历经5年不断迭代，是社交渠道里一套全新的理论体系，包含了社交创业的四大要素——超级IP、超级内容、超级社群、超级爆品。

社交创业方法论 = 超级IP + 超级内容 + 超级社群 + 超级爆品

对于所有参与社交创业的人来说，这四大要素的价值分别是：用超级IP创造势能，用超级内容制造动能，用超级社群产生链接，用超级爆品产生变现。这四者的关系相辅相成，相互影响又相互推动。

1. 超级 IP，即自带流量的人格品牌

社交的根本是人，以人为主，以人为商业核心，在消费者的心智资源中，商品品牌已经抢占了心智资源，一个全新商品品牌植入到消费者心智中几乎无法完成，而具有品牌势能的温度人格体在消费者心智中开始逐渐形成，在这个阶段植入才是最大的红利。

现阶段我对超级IP的理解：超级IP是一个具有品牌势能的温度人格体，它以内容为载体持续不断地传递自己的方法论，逐步成为某类社交平台或知识平台的头部力量，获取一定平台粉丝的关注，抢占某一类群体的碎片时间。

（在本书第二章，我将针对超级IP如何打造进行系统介绍。）

2. 超级内容，即产生价值的图文影音

隔着手机屏幕，如果没有图文影音来塑造“人”和“物”，那么人和

物都会失去价值。超级IP需要借助内容来传递超级IP的日常，借助内容来记录超级社群的精彩，借助内容来塑造超级爆品的价值。没有超级内容的塑造，超级IP和超级社群、超级爆品全部都会变成哑巴。

当下，微信朋友圈是超级内容的核心战场之一。我们应该像经营一本杂志或一家电视台来经营自己的朋友圈内容，因为超级内容是塑造IP价值的重要载体，超级内容是建立超级社群的必要手段，超级内容是超级IP寻找合伙人的重要工具，超级内容更是合伙人链接消费者的不二法门。

（在本书第三章，我将针对超级内容如何打造进行系统介绍。）

3. 超级社群，即依归超级 IP 的超级群体

在产品泛滥，商机泛滥的时代，消费者以及链接器（合伙人）都需要找到可依归的超级IP，超级IP把同频、同好、同集的消费者以及链接器（合伙人），用线上群和线下群结合的方式进行运营和管理，并产生可持续性的经济效应，这就是超级社群。

超级社群是传播超级IP、超级内容、超级爆品的主要媒介；超级社群也是超级IP筛选—发现—成交—培养—运营合伙人的第一战场；超级社群更是合伙人筛选—发现—成交—培养—运营消费者的第一战场。

（在本书第四章，我将针对超级流量如何变现进行系统介绍。）

4. 超级爆品，即不可轻易被替代的交付物

在战略层面我们要藐视“爆品”，在战术层面我们要重视“爆品”，因为在战略层面，爆品只是一个标配，只专注于爆品的打磨永远没有出头之

日；但是在战术层面要无比重视爆品的打造，没有爆品，再优秀的超级IP + 超级内容 + 超级社群也无法变现，即便取得了短期的变现，最终还是会遭到市场的打脸。

爆品，是以超级IP方法论为理论依据，以解决用户痛点为前提，最终呈现不可轻易被替代的交付物。同时，爆品还具备了6大要素：满足了强需求、微创新、高颜值、性价比、较好的用户体验，且背后有一个真实的匠人情怀支撑。

（在本书第五章，我将针对超级爆品如何打造进行系统介绍。）

或许有人问我，完全理解了这“四大超级”就能创业成功吗？

社交创业本身是一项系统创业工程，相比较以前的传统创业和电商创业更难，我送8个字给所有社交创业者——顺势而为，知行合一。

本章小结

当下，很多企业家和创业者问我要不要参与社交渠道的时候，我这么回答——社交渠道不是要不要尝试的问题，而是要不要当作企业战略，然后全力以赴来推行的问题。因为商业革命是无情的，躺在功劳簿里的传统企业主是最早被革命的对象，只有彻底理解当下的渠道革命，只有紧紧抓住当下的流量红利，才有可能转型或创业成功。

第二章
超级 IP

老徐谈IP

ONE BIG SHOT

1

老徐谈IP

这个时代对社交创业者最大的考验在于：每个创业者都应该成为一个超级 IP。

2

老徐谈IP

最有可能成为超级 IP 的两类人：用玩家的心态创业的人，用匠人的精神转型的人。

3

老徐谈IP

内功没练好，啥工具、啥培训、啥营销技巧都给你，你都不好使！在我看来——内功就两件事：搞得定自己的小宇宙，即成为超级 IP，磕得出自己的交付物，即手上有一款爆品。

4

老徐谈 IP

创业其实也是一种修行，看似跟物质（产品、钱）打交道，深处想却是跟人（社群、粉丝）相处，再往下死磕，发现创业最终只是跟灵魂（自己）过招，只是一个人或者一个团队，不断完善自己的小宇宙而成为超级 IP 的过程。

5

老徐谈 IP

致敬这个时代转型中的超级 IP，他们有两个优良的特质会指引他们走向成功——那就是颠覆自己的勇气以及弯腰学习的心态。

第三条赛道上的引领者

在生意越来越难做，各行各业竞争白热化几近肉搏的阶段，社交创业给了这一波创业者非传统渠道和电商渠道之外的第三条赛道，这一条赛道上目前已经有 4000 万左右的参赛者，未来会容纳 1 亿左右的参赛者。

这些参赛者中，既有传统渠道或电商渠道的既得利益者，又有刚刚毕业或初为人母的 90 后，也有不甘平凡在企业按部就班的梦想主义者，还有亟待转型升级的上千万传统经销商、代理商和门店主，更有一帮积累了经验和智慧的新匠人。

这一波创业赛道的参与者涉及人数之多、面积之广史无前例，他们的创业赛道被行业定义为“分享经济”“粉丝经济”“社群经济”“网红经济”等。

赛道缓缓铺开，发令枪已经响起！！！

第三条赛道上的本质是“人”的竞争，在人和人链接的新创业时代，我断言：这条赛道上的引领者一定是那些天赋异禀的超级 IP，他们搞定了自己的小宇宙，掌握了社交创业的大趋势，也搞懂了社交创业方法论，必定会开辟出自己的一番天地。

然而，成为超级 IP 对大多数创业者而言是一条漫长而曲折的路，只有那些具备成为超级 IP 基因的匠人，甚至只有总赛道参与人数 1% 的人，在适合方法论的引导下才有机会成为超级 IP。

这里揭露了一个残酷的现实：99% 以上的参赛者注定无缘成为超级 IP，那么他们在这条漫漫的赛道中如何坚持下去？我的建议是：做一个明智的跟随者，跟随你心目中的超级 IP 一起成长，成为超级 IP 的合伙人或者成为一个“链接器”型的 IP，专注于提供服务和分享超级 IP 的内容。

成功不只是成为超级 IP 这一条路，成为超级 IP 的合伙人或者超级 IP 的链接器，也能获得属于你的人生价值。

成为超级 IP 有什么价值？

在社交创业的征途中，成为超级 IP 具备如下优势：

①具备人格品牌势能

②产生基础信任

③能够低成本获取公域流量里的粉丝

要理解为何要成为超级 IP，我们先看看近 40 年来中国物质时代的更迭。

一 物质时代的更迭

40 岁以上的人几乎都经历了物质社会的更迭，从物质匮乏到物质竞争再到物质泛滥，在这三个过程中，商业形态、产品形态、消费形态都发生着巨大的变化。

1. 物质匮乏时代，品类抢占话语权

35 年前，造皮鞋的、做衬衫的、卖灯具的都没有品牌意识，其实也不需要品牌意识，因为只要创办了一个工厂，就有全国各地的商家带着现金来采购。和品类工厂相对应的是中国一小部分人开始逐渐富裕起来，大家为家里添置四大电器，在衣食住行方面的品类呈现前所未有的需求。

35 年前，能穿上皮鞋，穿上衬衫，买一辆自行车都是一种生活享受。在物质兴起的初期，消费者对物质的需求是“有”即可，尚没有谈论到品牌、安全、健康、环保等诉求。

所以那个阶段有两类人享受到品类苏醒的红利，一类是工厂老板，负

责生产物质；一类是个体户，负责分销物质。

2. 物质竞争时代，品牌抢占心智资源

25年前，随着办企业的人越来越多，商品越来越丰富，品类红利逐渐丧失，有些企业主发现，让消费者在同质化商品中选择自己的商品，需要有一个知名的商标，因此，一些有意识的企业开始注重品牌打造，而那个阶段，品牌打造选择电视媒体是不二的选择。

20年前，我跟随叶茂中老师做营销策划，接触到国内第一批有品牌意识的企业主，当时央视广告的千人成本只需一毛钱，许多企业为了让自己的品牌非常有创意地在电视媒体上展现，找到了有“策划鬼才”之称的叶茂中，叶老师的方法论简单直接——“广告金句＋明星代言＋央视投放”，这方法论帮助很多民营企业打造出了品牌。

在过去相当长的一段时间内，品牌对企业主而言代表着持续盈利的工具，代表着高溢价；对消费者而言，代表着安全，代表着值得选择。甚至在未来相当长的一段时间内，品牌依旧有很强的话语权，当一个商品被品牌赋能后，这个商品开始变得有价值，更受渠道商和消费者的欢迎。

我在课程中不止一次强调过，品牌是传统商业时代的免死金牌，因为品牌的实质不仅仅是商品和服务，而是抢占了消费者的心智资源。即便在社交创业如火如荼的今天，一个挟品牌势能的商品会快速在微商圈当中引发海啸。

只要有物质竞争存在，就一定有品牌的“免死金牌”。

而事先没有获得这张“免死金牌”的企业主或创业者，在这个阶段，

如果还想直接拿到这张“免死金牌”几乎没有可能，我倡导的拿牌方式是——通过“超级IP”的打造继而带动商品品牌，超级IP的本质是精神的符号，用“精神”满足消费者，继而以“物质”变现，这种“曲线救国”或称之为“双引擎驱动”的方式，是这个阶段突围的不二法门。

3. 物质泛滥时代，超级 IP 抢占用户时间

物质泛滥到什么程度，我们先不看线下门店数量，2018年仅阿里巴巴零售业务（主要有淘宝集市店和天猫店铺）总商家数量大约是1200万，平均每个店铺大约经营着30款相同或不同的产品。

在产品泛滥竞争中，最终出现的是“拼不过品牌只能拼价格”，拼价格拼到最后两败俱伤的局面。我们不妨静下心来思考下，许多企业主和创业者花费了精力物力研发的产品，真的应该来到这个竞争残酷的时代吗?

我认为：一个创业组织或个体，除了去琢磨研发产品生产或服务之外，更应该去思考，如何换一个维度来创业，如何进入一个短时间无竞争的领域。而成为超级IP正是进入了一个短时间无竞争者的领域。

因为，人类的物质需求得到最大化满足以后，巨大的精神需求随之也产生，艺术、文化、旅游等兴起，正是因为人们开始追求精神层面的享受。

另一方面，社交工具也伴随着人们对精神需求——社交的渴望而快速崛起，微信2019年4月的数据显示，微信的活跃用户数是10.87亿，微信用户每天的使用时间约70分钟；截至2020年1月5日，抖音日活跃用户数已突破4亿，约20%的重度用户的停留时间在90分钟以上。

时间对每个人都公平，平均每个具有消费能力的个体花费在社交工具上

的时间超过100分钟，如果一个超级IP能够借力社交工具，持续不断地传递方法论，从而抢占一部分用户的一部分时间，那么，这个超级IP就进入了一个非物质层面竞争领域，该领域里最值钱的是内容，最大的资产是粉丝。

在内容和粉丝的双重合力下，知识、产品、服务都有机会得以变现，甚至该超级IP按照流量收取第三方的广告植入费用也相当可观。

因此，我建议：一切不甘现状的企业家和创业者都要在这个阶段朝着超级IP的道路上前行，去积极抢占目标受众的碎片时间，并且把自己的人格符号植入他们的心智。

4. 超级IP与粉丝的心智

这是一个人和人链接的时代，朋友圈、短视频乃至电商直播里，越来越多的超级IP涌现出来，而且这些IP产生了非常高的变现能力——“正善牛肉哥”一天在抖音就销售1.3亿元牛肉与红酒，“口红一哥李佳琦”一场直播3100万人围观、“淘宝直播一姐”薇娅一年带货27亿元。这些超级IP已经逐渐进入粉丝们的心智，成为被链接者观摩、模仿、消费、跟随的“新偶像”。

这些“新偶像”在本质上区别于20世纪90年代“四大天王”时代的仰视；区别于2004年“超级女声”时代的痴迷；区别于2012年“中国好声音”时代的赞叹；这个时代的粉丝对待“新偶像”的态度是“偶尔微微的仰望”。“偶尔”是因为恰好和自己的碎片时间重叠，“微微仰望”的状态是15度角，不至于太累，也不至于够不着对方。

“仰视、痴迷、赞叹”大多来自于单向传播时代，而双向链接时代，所有超级IP本质上都失去了“神的光环”，他们是一种粉丝眼中的“新偶像"，是粉丝眼里的老铁、闺蜜、专家、匠人、达人，是值得被粉丝们偶尔微微仰望的温度型人格体。

超级 IP 命名与心智

真实姓名	IP名	主战场	心智
黄薇	薇娅	淘宝直播	淘宝直播一姐
陈伟杰	散打哥	快手	快手带货王
李佳佳	李子柒	微博＋短视频	传统美食文化传承者
徐荣华	老徐	朋友圈	爆品思维首创者
林海滨	米哥	社群	百岁森林创始人

在心智层面，超级IP更为丰满地占据了粉丝的心智，当粉丝谈论他们的时候，脑海里出现的是一张鲜活的面孔，而不是冰冷的商品logo，许多企业家和创业者依然幻想在这个全民社交时代打造商品品牌。在当下单项传播失去红利，消费者碎片化时间消磨在社交软件里，唯有打造出超级IP才能把握当下红利。

商品品牌与超级 IP 打造对比

对比项目	商品品牌	超级IP
需求导向	以消费者物质需求为导向	以消费者精神需求为导向
发力重点	产品打磨、渠道建设	内容创造、粉丝运营
催生方式	电视广告催生	社交平台催生
心智资源	品牌名、logo、广告语	温度型人格
打造难易	当下很难打造商品品牌	当下较易打造超级IP

在转型和升级浪潮席卷而来的今天，传统企业主和创业者除了要打磨出爆品外，更需要用心学习如何打造出自己的超级IP，一个没有超级IP赋能的商品，本质上是没有任何竞争力的。

二 超级IP的五种常见形态

20世纪90年代，IP的概念在美国动漫产业兴起，开始于DC漫画的《超人》和《蝙蝠侠》电影系列。IP是Intellectual Property的缩写，字面理解为“知识产权”，特指具有长期生命力和商业价值的内容运营载体。一个具有可开发价值的真正的IP，常规包含4个层级的含义，分别是价值观、普适元素、故事和呈现形式。

由于IP的定义以及在4个层级的含义和人格化个体品牌的定义相接近，所以业内习惯将人格化的个体品牌也称为IP。而我习惯在IP前面加上“超级”这个形容词，以强调IP的力量属性。本书中有关“超级”这个常用词语，皆是强调其力量属性，譬如“超级内容”“超级社群”“超级IP”。

我理解的超级IP是一个具有品牌势能的温度人格体，他们以内容为载体持续不断地传递自己的方法论，逐步成为某类社交平台或知识平台的头部力量，获取一定平台粉丝的关注，抢占某一类群体的碎片时间和心智资源。

超级IP在这个阶段主要呈现五种形态：

第一类是以颜值和趣味为主的“网红IP”；

第二类是传递知识和经验的“知识IP”；

第三类是技能型的“达人IP”；

第四类是以产品或服务为主的“创业IP”；

第五类是以社群领袖为特征的“社群IP”。

这五类超级IP，不仅在社交平台选择上有所不同，在内容打造上也极具差异，更具有不同的目标粉丝受众。由于本书涉及的社交创业法则，第一类超级IP简单带过，重点就后四类超级IP打造进行详述。

1. 网红IP——传递气质和乐趣

网红IP要么颜值高，要么精于逗乐表演，他们的受众是城乡青年以及外出务工者为主。网红IP多数呈年轻化和娱乐化，不擅长经验以及知识内容，无法输出有价值的知识产品，不少人使用色诱或“毁三观”的逗乐表演来博取眼球，因此常常招来诟病。

网红IP由于其表演的特性更强，因此主要战场集中在抖音和快手这类直播和短视频平台，其粉丝变现方式依赖于打赏或直播带货。在带货的产品方面，往往以网红相关联产品为主，产品一般价格比较低，吸睛度比较高，比如网红吃的“自嗨锅”“旋转打火机”“不掉色口红”等。

也有一些粉丝量大的、具备商业意识的网红IP开始寻求自主变现，比如快手网红二驴通过快手直播卖T恤，每件T恤59元，一场直播卖1万多件。

对于小微企业主或创业者来说，亲自参与直播或抖音里寻求变现是可以尝试的，但也要量力而行，颜值不达标，或逗乐性不强的尽量不要耗费时间。

我建议：小微企业主或创业者，可以根据自己的产品特点，思考和网红IP合作的契机点，目前中国很多区域的农产品（苹果、柚子、大闸蟹、小龙虾）都和网红建立了链接关系，而且取得不错的流量变现。

案例5 快手带货王——散打哥

快手带货王散打哥原名陈伟杰，是1989年出生于广东省平远县一户普通农村家庭的孩子，在汽修厂当过学徒，在手机工厂做过流水线工人，开过奶茶店，给酒楼供应海鲜，在这些工作中，陈伟杰总觉得没找到自己的价值。

2013年，快手刚刚上线不久，他在快手注册了一个叫“散打哥”的用户名，拍了一个小视频，视频点击量达数千。网友的围观超乎“散打哥”的意料，他开始琢磨如何拍搞笑视频，取悦网友，全力打造“散打哥”这个IP品牌。仅仅在快手玩了3个月，“散打哥”的粉丝量就达100万，并在不断增加。当粉丝量达到500万时，“散打哥”开始接广告，而到800万粉丝时，几乎是每两天就有一条广告，商业变现能力逐渐增强。

此时，找到自己人生价值的“散打哥”越走越顺，2016年，“散打哥”组建自己的短视频团队，并从梅州迁移到广州，在广州注册散打哥（广州）控股有限公司，孵化网红。目前，“散打哥”粉丝数量达4400多万，位居快手第一位。此外，他公司旗下签约艺人上百人，总粉丝量过亿，包括快手第一户外主播、快手粉丝量第二的祁天道（3954万）。

2018年11月6号，一场名为快手带货节的网红直播活动拉开序幕，1分钟卖出3万支价值19.9元的两面针牙膏；59元的七匹狼男士保暖内衣15分钟卖出近10万套；9.9元包邮的纸巾，36秒卖出3万单。以上数据不是来自于整个快手平台，而仅仅来自于“散打哥”一个人的“收成”，仅活动当天“散打家族”以10小时带货1.6亿元的销售额，提前刷爆“双十一”。

散打哥的IP商业成功变现，让我们看到拥有强大粉丝资源的网红IP，也可以拥有超强的带货能力。

2. 知识 IP——传递经验和知识

知识IP涉及的范围从宝宝教育到企业管理，从衣食住行到吃喝玩乐，围绕生活和工作全方位展开。因此，知识IP的内容可以出现在多平台，包含搜索平台——百度百家号与百度知道；新闻平台——今日头条、网易新闻；知识付费平台——喜马拉雅、得到、分答、知乎live；直播平台——斗鱼、虎牙；短视频平台——抖音、快手；社交平台——微信、微博等。

知识IP根据个人风格特点的不同，大体可以分为学者型和干货型两大类。

其一：学者型知识IP

他们一般拥有较高的学历，在自己行业内积累了多年的实践乃至教学经验，这类经验对某一类群体来说具备较高的学习价值，然后将这类知识录制成语音或视频、文字，放在喜马拉雅、得到、分答、知乎live上，用户采取免费或付费的方式在线收听、收看。

数据显示，2018年知识付费用户规模达2.92亿，预计到2020年，知识付费市场规模将达到235亿元。知识付费的兴起，主要是一些城市白领在高压力生存的情况之下产生的焦虑，这种焦虑催生其主动去寻找行业高手学习；另一方面，在互联网的推动之下，用户为了将碎片化时间很好地利用起来，通过知识来提升自己。

在产品竞争进入红海的阶段，一些学者型创业者暂时将“卖有形的产品”这件事放在一边，专注于在知识付费平台兜售经验和知识，取得了一举三得的效果：一方面打造自己的IP，一方面产生了知识收费，一方面也积累了大量的粉丝。

案例6
张戴金的
“新时间管理”

张戴金是老徐通过社群认识的一位重庆朋友，2015年之前，他是一位自由职业讲师，从业10多年来，大大小小的演讲培训做过3000多场，整天不是天上飞就是在地上讲，不是讲课就是在赶往讲课的路上，非常忙碌，经常熬夜，顾不了家庭，也管不了团队，生活与工作一片混乱，一地鸡毛……

2015年，痛定思痛的张老师决定好好学习时间管理，5年来，通过大量的学习和践行，他深深地明白时间管理对一个人的巨大帮助和价值，遂耐下心来，经过潜心钻研，并创新改良，他创立了金效率新时间管理系统方法论，主张“给时间以生命”，倡导每日工作与生活由生命蓝图为驱动，利用时间杠杆与时间倍增，进行效率再造，达成身心统一，成为时间的主人。

老徐在和张老师的多次接触中，发现他的金效率新时间管理方法论有理论，有实践，且个人的演说能力极强，具有极大的感召力，完全有机会打造出个人IP。在老徐的建议下，张老师开始梳理自己的线上课程体系，并在全网开通了在线课程，正式迈向了IP打造的征程。

张老师将这套金效率时间管理方法论，拆分成111期《通往时间自由之路》系列音频节目，分30多个主题和章节，360度系统化呈现，通过网络在线音频的方式，碎片化地分享给粉丝，旨在帮助粉丝摆脱忙碌、告别拖延、提高效率、倍增时间。

张老师在线音频课程于2019年2月上线，他坚持每天6分钟干货分享，连续111天的坚持，3个月的时间就吸引了70多万人次的收听。

其二：干货型知识IP

他们具有较好文字组织能力，对情感、事物有独到见解，习惯在微信公众号里炮制长图文（或语音），适合目标受众在夜间10点左右打开阅读，他们也被称为微信大号，少则百万多则数千万的关注者。

干货型知识IP有很强的文字或语音驾驭能力，受众在看到这样的文章或听到这样的语音后产生了极度共鸣，部分用户在共鸣之后产生了二次传播。

案例 7 六神磊磊读金庸

六神磊磊，本名王晓磊，曾任时政记者，至于这个笔名怎么来的，据他自己透露，是因为自己小时候特别招蚊子，一到夏天，就浑身散发着“六神”花露水的味道，由此得名。

六神磊磊是一个超级金庸迷，对金庸武侠世界情有独钟，加上本身对社会新闻的独到见解和自己做记者多年带来的不妥协不圆滑不世故的新闻态度，他发表的一些针砭时事的爆文《金庸、古龙、鲁迅会怎么写爸爸去哪儿》《金庸江湖里的三个宣传部长》及《大人物战斗过的地方》三篇文章广受好评。

六神磊磊是一个典型的干货型知识IP，他抓住了武侠热的另一类解读方式，以金庸的武侠世界为视角，对当下的一些时事要闻进行各种新解读，这种故事和人物与时事评论相结合的写作方式，获得了意想不到的巨大成功。而后这些网络爆文更是集结成一本名为《你我皆凡人》的网络爆款畅销书，受到了一大批名人的推崇。

六神磊磊工作之余还利用业余时间运营公众号，由于文章观点犀利老辣吸引了大批读者，慢慢地，业余运营的公众号从原来的没有收入，到工资的几十分之一、几分之一、两倍、五倍，到最后的几十倍，以至于最后他下定决心索性辞职，放开手脚写文章，成为一名坐拥几百万粉丝的专职自媒体人。

如今六神磊磊大号的广告位已经被卖出了天价，而且就是这样还要看作者本人的心情决定是否接广告，不仅如此，除了出书、接硬广、上通告，六神磊磊还陆续创造了六神磊磊读唐诗的辉煌，2017年开设读唐诗内容公众号，单篇唐诗题材文章在个人微信公众号上阅读传播百万次。

3. 达人 IP——传递技能与生活

还有一类掌握技能或一定知识水平的达人，他们在自己的领域里小有所成，掌握一定的经验，谈不上绝对的专家，但是具备较高的内容创作水准，在深度研究短视频平台的规则后推出自己的IP，当下这类IP已经大量涌现在抖音短视频平台。

由于抖音用户集中在35岁以内的年轻人（占比约82%），女性用户占比6成，所以产生的达人型知识IP大多也集中在35岁以内，有关亲子教育、两性关系、美容瘦身、美食周边、旅游周边等话题更易在抖音获得流量。

案例8
施施爱烘焙

“施施爱烘焙”是一个喜欢捣鼓面食、烘焙、甜点类的美食达人，她通过半年的经营，不断在抖音里秀出自己创造的各种美食，甚至手把手教你配方与美食搭配，一些简单的食材在她的手上化腐朽为神奇，获得较高的点赞量和评论量，其中置顶的一款百香果+柠檬+蜂蜜的自制果饮视频达到近137万点赞量，截至本书付梓前施施爱烘焙这个达人型知识IP粉丝达74万。

还有一类达人借助微信私域流量进行创业，他们采取各种方式增加微信私人号粉丝量，通过树立自己鲜明的IP形象，在运营粉丝和社群中获益。

案例9
小程序王子光头城

在上海互联网圈子里有位郑大城，早期在几家软件公司做过销售，2017年5月他加入某小程序开发团队，他在团队里主要负责销售企业开发的小程序，价位从3980元到几万元不等，先是通过百度推广和头条推广获取客户，在销售上没有太大起色。

机缘巧合听了老徐关于超级IP的课程，他开始有意识地打造自己的

IP，由于他头发较少，干脆理成光头，起了一个互联网花名——“小程序王子光头城”。

在IP打造和变现上，小程序王子有三个法宝。

其一，加入上海各大社群，如隐商会、德申会、匠群会等，不断在线上群和线下群与群员互动，增加大家对自己的认识，并不断通过在线上群使用小程序让大家了解自己的产品。

其二，通过公众号和百度贴吧等做一些软文推广，告知小程序常见使用场景，打造“用小程序，就找小程序王子光头城”的个人IP形象。

其三，组建小程序商学院，积极扶持头部服务商、代理商，组建专家团、讲师团，定期进行培训；因为客户不仅仅需要小程序，还需要了解产品运营、产品使用等一些增值服务。

除了以上三个法宝外，光头城积极探索粉丝裂变，他还发起了“感恩回馈扶持，买小程序大家来砍价”活动，每砍价一次便宜10~20元，帮助砍价的人越多，最后购买越便宜，并设置了仅限前8位砍价到底，0元即可获得零售价5800元一套的小程序。

通过这次活动，用户积极参与到砍价环节，砍价获得60000多粉丝，同时还销售了半价以上的小程序3000多套。

小程序王子光头城在打造个人IP的路上，用自己的信任为背书，多渠道吸引粉丝并和粉丝互动，成为了公司里的金牌销售，获得了很好的经济效益。

4. 创业IP——传递产品和服务

目前最活跃的超级IP当属创业类IP，他们出现最多的平台是微信朋友圈，他们用心经营自己的微信号，多数通过为用户提供产品或服务来增加朋友圈粉丝，还有一部分通过广告推广、图书出版、开线下课、朋友转介绍等方式加粉。

创业IP的朋友圈私域流量（粉丝）5000人以上，或铁杆粉丝1000人以上，相当一部分拥有多个微信号，在内容方面，他们一方面在朋友圈持续不断地发送和其创业项目关联的商品或服务，一方面也会晒自己的生活场景。

微信朋友圈作为黏性最强的自媒体，一方面具有较强的私密性，一方面具备一定的信任基础，不仅能够高频次推送朋友圈状态，更能够时刻了解关注者的动态，即时进行沟通，大大提升了互动性和参与性。

凯文·凯利的著作中有句话，当一个作者或者产品匠人，能够找到1000个铁杆粉丝便能养家糊口。当下，越来越多的创业者开始注重朋友圈的IP打造。相比较其他任何平台流量，微信朋友圈流量都是基于熟人社交或半熟社交。因此产品或服务类创业者选择微信朋友圈作为打造IP的平台是最佳选择。

当下所有的社交平台，用户在微信上停留的时间最长，转化价值最大，因此，很多超级IP也会在其他平台吸粉到微信朋友圈，如此转化过来的粉丝，价值也会更强。

案例 10
顾师瑛的微创业之旅

顾师瑛，家住合肥的一个微商团队领袖，短短三年时间，就通过微商创业实现了自己的财富目标。

在做微商之前她做过工程，干过直销，开过养生馆等，无论从事哪个行业，也无论成败与否，她待人接物都很大气，总会站在对方的角度考虑问题，宁愿自己吃亏也不愿破坏别人信任，所以身边聚拢了很多信任她的小伙伴。

2017年开始，46岁的她开始学习微营销，加入社交电商团队，几乎一切从零开始，她用一支唇膏组建了一个小团队，通过刻苦学习，激情的创业演讲，而且，她深知帮助团队的伙伴进行销售才是一个杰出团队领袖应有的责任。

这期间她还经历了怀孕生二宝，怀二宝的时候她47岁，这个岁数生孩子本身就不易，更何况她还是个很拼的人。在怀孕七八个月的时候，还大着肚子到处跑；同时，她每天在朋友圈更新她的创业动态，经常发布她将为人母的喜悦，每天都在群里分享创业故事以及产品知识。

团队的小伙伴看到“老大”顾师瑛的创业状态，每个人都由衷地佩服，大家遇到困难想放弃的时候，只要看到顶着大肚子的“顾老大”还这么拼，都咬咬牙坚持下来。

她在老徐的茶室里坦言：我并不是一个天生爱拼的人，只不过因为懂得了，人只有靠自己，内心才安详，安全感是自己给的，别人给不了！

这次创业，她获得了巨大的成长和蜕变，流过很多泪，流过很多汗，掉过很多坑，但跌落谷底，也依然仰望星空，从一个爱哭悲情的女人，变成今天淡定坚韧，别人眼里的超级IP。

功夫不负有心人，两年时间，她的唇膏微商团队迅速壮大到2000多人，她也成长为一个微商行业里的超级IP，一个优秀的领导人，并获得公司年度榜样人物奖、领袖人物奖。

社交创业时代，像顾师瑛这样的女性正越来越多地涌现，她们一方面在自己的圈子内打造着自己的IP，一方面通过自己的努力，实现人生的价值。

5. 社群IP——发起勾兑与协作

社群经济的本质是愉快地玩耍顺便做点生意，对于群员来说，跟谁玩耍很重要，因为决定着是不是能玩出价值。

在创业领域中，有一类人称之为社群领袖，他们具备一定的号召力和影响力，擅长组织各种线上与线下活动，能够让群员之间相互勾兑，相互学习，相互协作，让更多资源有效对接，从而创造经济效益。

也有许多人建立了几十个甚至上百个线上微信群，各种代购群，各种产品广告群，他们建群的时候基本上只要拉人进群即可，其实，这种玩法即便组建再多的线上群，也不是一个社群领袖。

一个社群领袖不仅仅是线上组建了几个社群，关键考核的因素有三个：是不是建立了有价值的社群，是不是对一定数量的群员有影响力，是不是成功发起了多次协作。常规来说，一个社群领袖的线上社群运营超过5个或者总群员数量超过1000人，且平均每月发起的线下协作次数超过1次，基本可以认定该社群领袖为社群IP。

社群IP通过组建线上群、筹备线下活动、建立线下协作、针对性调频等形式，不断为群员提供"认知升级""时空勾兑""信任叠加"，随着群员的日益增多，逐步形成一个有影响力的社群组织。

案例 11
陈克栋的
社群创业之旅

陈克栋，80后连续创业者，资深社群专家，社群型IP的代表，他定居南京，在社群创业之前，专注于品牌运营与渠道建设，曾先后参与某家纺品牌再造和某品牌直营渠道建设，在为企业提供系统的品牌与渠道服务中，积累了丰富经验，结识了大量人脉。

2014年，由于自身工作原因，他在上海和南京两地奔波，他发现像他一样两城奔波的企业主和创业者不在少数，于是联合身边的几个老友发起了"沪宁双城会"的社群组织，这个社群的初衷就是解决大家沪宁两地资源对接、人脉共享。

组建了线上群后，群员进行自主邀约，大家把两城奔波的朋友都邀请进群，随着社群成员的增多，越来越多其他城市有南京情缘的企业家纷纷加入，一年时间就在北京、杭州、苏州等国内20多个城市成立了分会，并多次组织企业家进行线上活动和线下沙龙。在发起“沪宁双城会”的过程中，陈克栋积累了丰富的运营线上群和线下群的经验，这也为他能够顺利落地南京匠群会社群组织打下了良好的基础。

2018年末，陈克栋、老韩头、王震、曾凡功四人和老徐一番长谈后，被老徐的社群理论所折服，尤其是老徐发起的社群——匠群会，其“倡导匠人精神、助力匠人成长”的使命深深吸引了同频的陈克栋，作为社群创业的老兵，陈克栋毅然决定打起南京区域“助匠”的旗帜，落地南京匠群会。

2019年1月19日，在南京新街口，12位社群领袖和匠人企业家参加了南京匠群会的发起人第一次小型见面会，大家听完陈克栋对匠群会的分享，展开了热烈的讨论，匠群会的使命、价值也让所有人产生了共鸣，大家纷纷要求加入南京匠群会成为联合发起人。

2019年3月9日，在南京匠群会会长陈克栋的带领下，12位南京匠群会的发起人共同邀约，南京匠群会第一届见面会莅临现场的企业家和创业者超过150人，活动现场，又有近50位匠人企业家申请成为南京匠群会的联合发起人。

南京匠群会短短50天时间便形成60位发起人的规模，在接下来的时间，南京匠群会以每月3 ~ 4场次的高频线下活动，如总裁特训营、社群开悟课、财税专家课、徒步挑战赛、魔尔金私董会、项目品鉴会和群员相互走访等活动，增进发起人之间的相互了解，为群员之间相互合作奠定了良好的信任基础。

2019年6月和7月，在陈克栋的带领下，南京匠群会连续举办了两场超过100人规模的社群开悟大会，南京匠群会总发起人的数量达到100人，发起人汇聚的总私域流量近30万。据不完全统计，2019年南京匠群会群员之间相互产生的合作总金额超过3000万元。

在当下，一个优秀的企业主不难找，难找的是一个优秀的社群领袖，随着自组织社群如火如荼地展开，我断言：未来5年内，将会是社群IP获得市场回报的黄金5年。

三 超级 IP 打造的道术器

古语有云：有道无术，术尚可求，有术无道，止于术。

在遍网打造IP的今天，其实许多人依旧在追求术层面的东西，所以我们会看到朋友圈上25岁的“微商第一女神”，看到28岁的“商业兵法首创者”，许多冠以第一、首创名号的青年才俊们，在朋友圈以“超级IP”的姿态自居，实质上，这些超级IP是自己“喊”出来的或是利益集团“捧”出来的，他们在成为真正IP的路上，其实还有很长的路要走。

我理解的超级IP是“道术器”的结合体，“道”是搞得定自己的小宇宙，“术”是理得出自己的方法论，“器”是玩得转自己的主战场。

1. 搞得定自己的小宇宙

我从事营销策划和咨询21年，一对一与上万的企业主和创业者深度沟通过，我发现一个现象，在当下有所成，以及未来有所成的人，都是搞定自己小宇宙的人。

创业的本质是一个人或一群人自我死磕式的修行，所有创业者乃至创业团队都应该反复问自己四句话——你是谁？你从哪里来？你想到哪里去？凭什么你能到达？能条理清晰地回答出来这四句话的人，我称之为“搞定了自己小宇宙的人”。

如果这四句话问唐僧，唐僧的回答是：贫僧唐三藏，从东土大唐而来，前往西天取经，我有三个徒弟帮我降妖除魔，我有历经81难的勇气，我肩负救苦救难的使命，我有一往无前的魄力，所以，我能取回真经。

如果这四句话问老徐，我的回答是：我是爆品思维的首创者，匠群会的创会人，社交创业方法论的践行者，我有21年一线营销实操的经验，我和一群梦想主义者组建了行业的第一个助匠型社群——匠群会，我肩负“倡导匠人精神、助力匠人成长”的使命，我愿意帮助更多有匠人精神的创业者取得成功。

当下，许多人以逐利为人生使命并乐此不疲，所以投机主义者、模仿主义者、将就主义者才会层出不穷。而那些搞定自己小宇宙的人往往和这类人格格不入，因为他们知道人这一辈子太仓促太短暂，他们想留下一些什么给这个世界，他们不投机、不模仿、不将就，他们坚守信念，并为自己的梦想而死磕。

插一个小故事：2017年夏天，老徐的茶室来了一位50岁左右的匠人，他是上海地区有名的“推拿专家”，曾获得过上海地区推拿比赛的冠军，在推拿和正骨方面非常有心得，用他的话说，20年来，平均每年帮1000多个人推拿，现在闭着眼睛，只要用手贴上你的背，就知道你哪根脊椎骨有问题，该用什么手法来解决。

一别两年，2019年的夏天推拿匠人二度来访，他竟然闭口不谈20多年的推拿经验和方法论，张口就是——老徐，你知道神奇的巴马长寿水吗？

细问之下，老徐才了解，2018年他和一帮大健康从业者去巴马旅游，机缘巧合成为了当地一个巴马水的上海区域代理，这一年来，到处兜售他代理的巴马水，原来他的客户或多或少支持了一点，但距离他想要达到的数字还有不小距离，他来访主要是寻求这款水的爆品思维。

当天的老徐下午茶喝得尴尬至极，一方面我为他“晚节不保”放弃原先事业的立命之本而惋惜，一方面他不断重复他原来工作的机械性和劳累性，强调这款水是超级爆品。

在越来越多的创业者成为链接器的今天，市场上最不缺乏链接器，所以可以销售巴马水的人有无数人，唯独不是这个已经把推拿做到极致的人。让我痛心疾首的是：越来越多的匠人加入到链接器当中来，放弃了初心和情怀，放弃了死磕多年的事业，为了“生意”而“生意”。

那些精神世界丰盈，有明确的使命，在行业里积累出自己方法论的人，我称之为“匠人”。在当下社交创业的浪潮里，尤其是经过移动互联网上半场的血洗，当下阶段最适合打造出超级IP的是这一帮匠人，其次才是颜值型网红。

案例 12 匠人米哥，死磕小宇宙才能打磨出爆品

餐饮的江湖从来不缺乏匠人，有这么一个匠人，从事着仿佛最不赚钱的食材端生意，一熬就是15年，无数人在这15年变着花样地调整方向为了赚钱，只有他15年里一根筋，一直都在跟谷物、大米、破壁机打交道，他的目标是把全球优选的有机、绿色的食材，通过餐饮渠道这个超级流量入口带给更多人，他就是百岁森林餐饮水吧一体化解决方案的创始人——林海滨，江湖花名：米哥。

米哥打造的产品是一款机器和多款料包——机器是“德国破壁技术”破壁机，料包是“谷物坚果水果”系列料包。2019年5月开始做试点，短短半年时间，米哥借助手里的爆品和社群渠道，用一套全新的城市合伙人商业模式，合理地进行利益再分配，硬生生开辟了5000多个餐饮渠道，实现了互生共赢的利益共同体。

有人看到米哥的水吧解决方案里的主要产品是“破壁机”和“水果、谷物原材料”，就认为这个项目很好模仿。殊不知，萝卜和人参虽然长得像，但是价值天壤之别，无论是“破壁机”还是“谷物坚果水果”的原材料，外面不乏长得像的产品，但产品本质上有天壤之别。

在破壁机行业，每分钟转速达到45000转以上才可以真正实现对食材的破壁，才能够瞬间把植物的细胞壁击碎，从而释放出植物生化素，达到抗氧化、延缓衰老的功效。米哥为了达到最大的破壁效

果，进口了德国的98系军工电机，真正2200瓦，是转速达到每分钟48000转的破壁神器，可连续工作四个小时以上不发烫。不仅机芯重要，破壁机的配件方面米哥也精益求精，他选择的刀片是日本原装进口六叶钢刀片，削骨如泥，多角度破壁；容杯选择也达到了苛刻的程度，选择成本是PC杯10倍的进口奶瓶材质—— Tritan，200度高温也不会产生有害物质。

同时，米哥对待每一个料包都有匠人追求极致的精神。以水果为例，米哥选购的水果大多数来自北美洲、南美洲以及中国大兴安岭的小浆果(草莓、蔓越莓、树莓、黑加仑、蓝莓、灯笼果等)，这些水果经过零下18度极冻，做成标准化通过冷链配送到全国各服务商，再到各门店，经过破壁技术，制作成破壁果汁。再说谷物和坚果，以核桃为例，米哥坚持选用云南漾濞产区的纸皮核桃，云南漾濞因气候适中、土壤保水力强、日照充足，有着核桃生长的优良环境，漾濞核桃的香味比较浓郁，配合其他谷物进行破壁的时候，其油脂成分和核桃营养成分能够最大化满足挑剔的味蕾。

在二次加工环节，谷物全部经过低温烘焙技术处理，既保留了谷物的营养成分，又提升了谷物的保鲜期和保质期。在食材的选择方面，米哥的观念是："只选择最地道的原产地食材，只满足顾客味蕾最爱的口味。"好的食材料包才能配得上好的破壁机，才能创造出让顾客尖叫的破壁饮品。

基于匠心爆品的成功，米哥设计了一套利他的商业模型——将利润的80%让出来，让给参与百岁森林的城市合伙人。米哥借助自己朋友圈的力量和匠群会社群力量发动招商，经过半年的时间，开发了包括上海、南京、合肥、福州、兰州、杭州、厦门在内的40多个城市，百岁森林餐饮水吧项目顺利进驻5000多个餐饮渠道。雄心勃勃的米哥要在未来半年，陆续在全国入驻100个城市，和全国2万家餐饮渠道共同为顾客提供安全健康的匠心饮品。

米哥，是中国新匠人的代表，也是社群型IP的代表，他是一个搞定了自己小宇宙的人，他很清楚他做的事业的意义，在他的身上既有死磕破壁机与谷物、坚果、水果料包的匠心，同时又拥有做生意的大格局。

我断言：未来的商业时代，那些搞定自己小宇宙的新匠人将会成为“新商业”的主角。

2. 理得出自己的方法论

方法论是一种以解决问题为目标的理论体系或系统，通常涉及对问题阶段、任务、工具、方法技巧的论述，方法论会对一系列具体的方法进行分析研究、系统总结并最终提出较为一般性的原则。

一个人在生活和工作中不断践行，对知识和经验的积累程度达到一定的认知，且该认知在前人经验的认知基础上有所超越，有所创新，且更符合当下时代的应用，该认知我称之为——方法论。一个超级IP的方法论涉及“道”——他对自然规律的理解；术——他对本行业产品打造的应用。

案例13
庄鸿铭和他的软欧包方法论

台湾庄鸿铭师傅是老徐认识的一位烘焙匠人，他把对烘焙的爱融入血液里，他被称为“软欧包教父”，他始终相信一块面包从无到有的过程，是带着烘焙师自己灵魂烙印的，而烘焙师的人生阅历、文化背景、品质追求又深刻影响着这块面包最终的味蕾呈现。

在入行烘焙之前，在我国台湾乃至欧洲，庄鸿铭都如饥似渴地学习各种烘焙知识，直到他发现随着人们生活水平的提高，越来越注重食物的健康性，所以低糖、低油、高纤维的欧式面包会成为市场的一种趋势。

但是传统欧包大而硬，不太符合中国人的口味习惯，经过不断测试，从原材料选择到发酵技巧再到烘焙方式，历经数千次的实践，一款适合中国人口感偏好又健康的软欧包诞生了。软欧包其实就是在硬的欧式面包和日式软面包之间找平衡，拥有欧式面包的外表，软面包的心，更适合中国人的胃。

软欧包继承了传统欧式面包的健康基因，更适合普通大众的口感习惯。混合着高纤、杂粮、坚果等健康材料的软欧包，采用周皇尚液体糖为糖源，是传统欧式面包和日式软面包的结合体。少油、少糖、无蛋，外脆硬而内柔韧，比软面包更有嚼劲，比硬欧包更松软，热量低又能饱腹，是面包健康的流行新趋势、新食尚。

因为掌握了丰富的软欧包方法论，庄鸿铭迅速成为行业的翘楚，被行业称为“软欧包教父”。

3. 玩得转自己的主战场

一个人搞定了自己的小宇宙，理得出自己的方法论后，其实也不一定能够打造出超级IP，原因是——缺少一个展示自己方法论的主战场。

任何一个超级IP，都离不开一个本身具备流量的主战场，超级IP必须借助平台上的流量获得精准粉丝，继而将粉丝引导至私域流量进行转化。所以，超级IP在平台上获得的精准粉丝越多，其未来产生变现的机会就越多。

案例 14
57 岁枕匠杨林的抖音战场

千鸟格颈椎枕的创始人杨林今年57岁，是嘉兴地区一个死磕健康枕的“中年大叔”，他发现大多数中国人因为使用枕头不科学，而导致颈椎白天劳累，晚上得不到修复，从而使颈椎病高发，他认为最好的方式就是通过科学的健康枕，让消费者在睡眠中进行矫正。

而他研发的健康颈椎枕头，除了具备透气、舒适等常态功能外，还加载了内部气囊，解决了每个人个性化枕头高低可调节的问题；同时，设计的波浪形外观更有效地承载支撑颈部的力量，让颈部得以放松，生理曲度不变形；最后，他创新地采取红外加热的方式，让颈部微循环畅通。多管齐下改善颈椎及脑供血不足等问题。

枕头发明之后，杨林尝试多种销售方式，进入传统家纺渠道难以动销，和酒店渠道合作采取试睡模式也难以推进，尝试进驻电商平台也铩羽而归。由于传统渠道多层分销价格昂贵、缺乏品牌知名度，且产品需要一定的引导消费，这款产品迟迟没能找到销售的最佳通路。

2018年7月，他参加“爆品思维总裁班”的课程，在老徐的建议和规划下，杨林大叔正式启动抖音营销，最开始的两个月，杨林通过抖音发布一些正能量的视频——主要帮助嘉兴地区的鳏寡老人免费理发，通过一个月的铺垫，虽然获得了1000多粉丝，但是粉丝对他销售的枕头根本不感兴趣。

10月份的一天晚上，抖音账户发完一条《教大家一个简单的动作预防与纠正脊椎错位》的60秒视频后，杨林早早休息了，第二天早上打开手机一看，整个人激动地几乎从床上蹦起来。经过一个晚上，这条抖音视频被500多万人看到（最终浏览量1400万次），一个视频增长粉丝近10万人，而且几乎每分钟都有人加他关注。

有心栽花花不开，无心插柳柳成荫。用专业的拍摄角度和内容来看，这条视频拍摄的水准都属于相当一般，但这一条视频极具价值，本质上是一次核心方法论的传递——脊椎专家在用他的方法论教现代人如何预防和缓解脊椎问题。现代人由于长时间看手机，多数人脊椎不好，这条视频用最简单的方式，让受众学到了如何通过简单的动作即可缓解疼痛和预防脊椎病。

一炮而红的杨林并没有满足现状，这一条视频带给他全新的启发——为用户输出价值才是获取粉丝的不二法门。在这个基础上，他在不同的短视频平台上按照每天一条的速度，接连打造了几十则《简单几个动作呵护脊椎》的系列抖音视频，都取得了不错的效果。

截止到2019年12月份，抖音上粉丝有68万，火山视频上有18万，全民小视频1.2万，小红书1.6万,百度1.2万，后台大量学员向他咨询脊椎病的预防和调理，在这个基础上，他还建立了300个地区的正骨专家群，为这些有水平的正骨专家推荐客源，同时，他的千鸟格颈椎枕也在粉丝中产生了销售，最高一天销量达到200多单。

更为惊喜的是，在积累了这么多粉丝后，以前难以合作的几家大公司都顺利谈成了战略合作，并有了双向资源共享。

在社交短视频尚有红利的当下，许多匠人因为缺乏对工具的了解，积累了很多方法论却没有施展的舞台，其实，5 7 岁杨林成功玩转抖音等短视频，给所有的社交创业者一个启示：选择一个主战场持续耕耘，总有拨云见日的那一天。

很多匠人在自己的领域死磕到底，对移动互联网的工具非常陌生，在技术层面视频和音频的录制与剪辑不会弄，图文宣传推广也不会弄，也没有找人帮助规划。常规来说，对于内容输出和软件使用只需要几天的学习即可胜任。

在平台选择上，面对几十个成熟平台，上百个新生平台，一脸茫然，不知道哪个平台适合传递自己的方法论。为此，我整理出一张超级IP适合战场，当然，不排除有更好更新的战场源源不断地冒出来。

五类超级IP的战场与玩法如下：

IP类型	主要战场	受众类型	内容形态
网红IP	快手、斗鱼、虎牙	城乡青年、务工人群	视频直播
知识IP	喜马拉雅、蜻蜓、微信公众号	城市白领、职场精英	语音与图文
达人IP	抖音、微博	宝妈、职场新人	短视频、长链接
创业IP	微信朋友圈	微商、斜杠青年	朋友圈图文影音
社群IP	微信群、线下活动	企业主、传统经销代理商、微商	社群课程、活动、协作

超级IP一般都会有一个主战场和几个协同战场，在这些战场上，即便有各种平台规则限制，铁杆粉丝也总有办法找到超级IP的联系方式，包含电话、邮件、微信等，因此，超级IP在平台流量如何转化为私域流量的时候，要有方法让那些真正的铁杆粉丝加你的微信。

四 超级 IP 变现的三种商业模型

超级IP打造是基于“人”为链接载体，最大的不同是该模型更强调人格、温度与情怀，因此，传统商业模式中B2B、B2C或F2B2C或B2B2C这类纯商业模型，用在超级IP的商业载体上会显得格格不入。

我通过5年来不断验证，发现超级IP变现的三种商业模型。

1. 模型一：IP2C

许多IP在公域流量里获取粉丝后，其关联的知识产品或者背后的交付物能够让粉丝直接产生购买欲望，不经过任何中间商，IP的产品或服务直接抵达C端消费者的商业模式，我称之为：IP2C。

此类模型比较成功的典范是：散打哥、李佳琦、薇娅、正善牛肉哥等网红型IP。这类IP动辄数百万数千万的粉丝基础，是各个社交平台或电商平台的头部资源，属于千万人中能冒出一两个的超级网红。当下，网红型IP真实的现状是：能直接带货的IP非常罕见，大多数几万粉丝或者几十万粉丝网红，都不具备带货能力。

该模型的优点是“没有中间商赚差价”，缺点是超级IP和粉丝之间的互动很难批量化，导致粉丝黏性不高，比较适合的产品是轻交付的知识产品或者是客单价较低、线上易成交的有形产品。

2. 模型二：IP2P2C

更多的超级IP其实不适合IP2C模型，因为其产品不符合低客单价，线上也不易直接产生交易，且多数属于消费升级的范畴，需要一定的引导和教育。因此，该IP需要招募合伙人，通过合伙人抵达C端，即IP2P2C模型，该模型中居中间的P是Partner，即合伙人。

本书中所提到的合伙人，是泛合伙人概念，是指跟超级IP产生强链接的一类人，非特指投资入伙或需要蹲班的公司型合伙人。

大多数社群型IP会采取这类方式分销产品，只有一层中间商的模型即可快速让产品或服务触达消费者，避免了过多的中间商导致价格下不来。如果一个超级IP个人能力和团队能力具备，IP2P2C是相当不错的商业模型。

在IP2P2C模型中，合伙人起到上传下达、承上启下的作用，既是产品的分销节点，也是该超级IP的方法论传播者，在超级IP无法参与活动或协作的场合，合伙人代理超级IP进行传播。

3. 模型三：IP2P2SP2C

在模型二的基础上，超级IP的合伙人的产品依然存在无法直接到达C端，依然需要寻找更小单位的合伙人时候，模型三IP2P2SP2C的模式解决了这样的问题。

SP即Small Partners，意思为小型合伙人，小型合伙人是超级IP合伙人的合伙人，他们数量更多，且多数属于个体的社交创业者，这类型的社交创业者才是这个时代的社交创业主流人群，真正的产品动销人群。

在IP2P2SP2C模型中，IP授权合伙人（P），合伙人（P）授权小型合伙人（SP），小型合伙人负责销售产品。经过两个中间商，超级IP的产品能够抵达C端。

大多数微商型创业IP都采取这类模型进行分销，并在分销中鼓励“同级推荐”“设置团队奖励”等制度，使得中间商更乐意转介绍更多中间商参与进来。

许多人强调互联网的去中介化角色，其实去中介化不是没有中介，而是新的中介体需要有新的玩法和新的服务职能，对于大多数日化类、母婴类、大健康类产品来说，其产品价格体系完全可以容纳2层甚至3层中介体的存在。

在这三种模型中，完全依靠模型一（IP2C）即可满足超级IP财富自由的占比非常少，该部分完全不需要寻找合伙人；但是，更多的超级IP需要找到合伙人，且跟合伙人产生强链接，因此，对于大多数超级IP来说——如何获取合伙人成为商业模式中至关重要的一步。

而微信的私域流量，是当下社交创业的主战场，能够通过源源不断的超级内容来引导和发现超级IP的合伙人，还能够为合伙人寻找小型合伙人，更能够让小型合伙人直接找到用户。

本章小结

对于超级 IP 来说，要有技巧不违规地将平台流量里的铁粉搬运到微信私人号，在微信私人号里持续不断地教育和引导，从而找到同频合伙人。微信私人号的战场才是超级 IP 即平台战场之外的第二个战场，该战场不仅要承接超级 IP 的势能，更重要的是要有持续不断的私域流量内容，而私域流量的内容与公域流量的内容有着天壤之别，私域流量的内容更偏向诱导、参与、互动。

第三章 超级内容

老徐谈。内容

ONE
BIG
SHOT

1

老徐谈内容

超级内容，是这个世界上唯一不需要见面沟通，就能够飞进用户心坎里的唯一载体。

2

老徐谈内容

超级 IP 没有内容，IP 就是块泥巴；爆品缺少内容，爆品就是个哑巴；社群缺少内容，社群里就没有喇叭。

3

老徐谈内容

每个人的时间都有限，我们跟别人实际相处的时间都很短，但是内容可以一瞬间跟许多人发生关系。

4

老徐谈内容

内容即人性，好的内容直指人心；内容即自性，你的内容代表着你。

5

老徐谈内容

坏内容总是四平八稳，好内容总是出其不意。

那些私域流量里的图文影音

2020 年初，微信发布 2019 年数据报告，数据显示：每个月有 11.51 亿用户保持活跃，每天有 500 多亿次信息发送出，人均每天发送信息 43 次。

在如此海量信息的时代，消费者每天接触的微信朋友圈和微信群内的信息多如牛毛，对于一个手机微信好友超过 2000 的个体来说，几乎很难通过微信朋友圈翻到昨天朋友们的动态。而且许多用户反映，现在的朋友圈点赞量和评论量远不如两年前，精心炮制的朋友圈内容，也只有零零散散的点赞和评论，这是由于当下自媒体的信息量太多，同时每个人的私域流量有所增加导致的。

信息量大，主要来源于微信公众号和微信个人号的内容。微信公众号数量 1300 万，活跃公众号 350 万以上，每个公众号周更新内容 3 条以上；虽然没有官方数据说明每天微信的朋友圈发了多少条，我预估平均每个用户一天朋友圈更新 1 条，重度用户朋友圈每天更新 3~5 条，全球每天超过 10 亿条微信朋友圈动态更新。

另一方面，微信大数据显示：微信用户相比较三年前，平均每个人的好友数增长了 110%，三年来，越来越多的微信用户增加半熟社交。当下微信重度用户的微信好友几乎都破 2000，当好友数超过 2000 人的时候，也会干扰用户进行更为深入的深度社交，一些重要好友的信息开始被无意地忽略。

微信朋友圈和微信群是超级内容的两个核心战场。我们应该像经营一本杂志或一家电视台来经营朋友圈和微信群的内容，因为超级内容是塑造超级 IP 价值的重要载体，超级内容是建立超级社群的必要手段，超级内容是超级 IP 寻找合伙人的重要工具，超级内容更是合伙人链接消费者的不二法门。

当下微信朋友圈和微信群里的信息泛滥，社交创业者应该如何在微信里制作内容，什么样的内容才是有效果的，我提出的方案是——唯有超级内容才能吸引客户的深度参与。

何谓超级内容？我理解的超级内容有三个基本标准：传递真实的自己，记录创业的精彩，塑造爆品的价值。且任何一条内容，必须满足“童心趣味盎然，匠心百折不挠，爱心浓烈饱满，立意高瞻远瞩，创意天马行空”这五大心诀中的一个或多个。

要理解如何打造超级内容，我们先看看内容的迭代史。

一 内容的三次更迭

一切带有一定传播目的导向，需要使用眼睛和耳朵参与的视听载体，皆可称之为“内容”，媒介只是一种载体，媒介里出现的图文影音才是内容。

1. 内容 1.0 时代，单项传播信息

世界上第一则名副其实的报纸广告，出自于1650年英国的一份英文报纸《新闻周报》上，刊登的是一则悬赏寻马启事。从1650年起，报纸内容曾经作为最大的商业内容载体，在全球范围内影响了近4个世纪。

世界上第一则名副其实的电视广告，出自于1941年7月1日晚间，纽约市的“WNBC”电视台在棒球赛播出前的10秒钟时段播出了宝路华钟表公司的广告。当时的电视广告内容十分简单，仅是一只宝路华的手表显示在一幅美国地图前面，并搭配了公司的口号旁白：“美国以宝路华的时间运行！”这则广告宝路华仅仅花费9美元。从1941年的第一则电视广告起，电视广

告作为商业内容的核心载体，在全球范围内影响了近80年。直到移动互联网崛起的今天，电视广告才屈居“商业内容传递者”老二的身份。

内容1.0时代，都是单向传播，电视台、报社、广播、杂志社等传统媒体成了筛选内容、制作内容、输出内容的工厂，受印刷、制作、播出等限制，所谓的新闻其实都是前一天甚至更早的“旧闻”。

内容1.0时代，用户只需要安静地翻阅或者坐在沙发上接受即可，单向传播时代其实是商品品牌野蛮生长的那几年，用户在晚间的碎片时间里，一家人坐在沙发上，接受了一个又一个商品品牌的宣导。对中国市场来说，1995~2015年是电视广告最巅峰的20年，这20年来，中国一批企业通过电视广告输出内容，抢占了消费者心智资源，获得了“商业品牌”这张免死金牌。

内容1.0时代是一次“他说我听”的过程，用户在整个阶段是被动接受者，用户无法自主获取信息以及产生和他人的交互。

2. 内容2.0时代，主动搜寻信息

1998年是中国互联网破局元年。这一年张朝阳创办搜狐，门户勃兴，腾讯和京东诞生，次年百度开启搜索，电子商务不断萌芽，中国互联网从几十万台电脑萌动破局，从模仿到孕育内生力量，互联网从少数人飞入寻常百姓家。

2002年前后，中国三大门户网站搜狐、新浪、网易在美国纳斯达克挂牌上市，2005年，百度在美国纳斯达克成功上市，彼时，被称之为PC互联网时代。

PC互联网的崛起也象征着商业内容进入2.0时代，用户无需坐在电视机前等待新闻，更无需通过纸质媒体获取资讯，只需要在百度或者四大门户里进行搜索，即可找到自己想看的内容。所有的网站即时获取资讯，继而将资讯展现在网络上，用户通过自己的需求进行搜索，大大提高了用户获取知识和资讯的便捷性。

在整个PC互联网的成熟阶段，许多用户开始调整晚间的碎片时间，他们不再坐在沙发上被动获取信息，而是坐在电脑桌前主动了解整个世界，探索互联网的乐趣。网络游戏、网络新闻、网络视频、QQ即时通信等互联网细分产品一个一个诞生，PC互联网的崛起基于人类永恒不变的需求：连接人与人，获取资讯，社交。然而，这种笨重的硬件只能在工作时或者晚间碎片时间开启，上厕所、睡觉前、等电梯、坐公交的时候，我们期待有一种更便捷、更小巧的工具能够适应我们，那就是手机——也称之为移动互联网的终端。

3. 内容 3.0 时代，互动社交内容

2010年起，移动互联网的发展快速盖过PC互联网，这里有一个重要的原因，就是3G网络的覆盖（当下是4G，即将普及5G），从美国，到日本，到欧洲，再到中国。整个3G网络覆盖到了几乎每一个角落，这让移动互联网发展起来有了必需的基础设施。

同时，Wifi网络的大规模起来更是进一步推动了数据流量成本的下降，最终实现了通过一部智能手机，能够实现24小时在线，这让流量比PC互联网时代增长了几何级别的倍数。

手机本身作为一种社交的通信工具，当它实现智能后，能够安装各种软件，安装最多的便是社交软件，尤其是以微信为主的社交软件。电话只是满足了用户通话的需求，而社交软件能够通过朋友圈，了解关注者的近期状态，微信的兴起为全民社交立下了汗马功劳。

腾讯公司于2011年1月21日推出微信，支持跨通信运营商、跨操作系统平台通过网络快速发送免费语音、短信、视频、图片和文字，同时，微信提供公众平台、朋友圈、消息推送等功能，用户可以将内容分享给好友以及将用户看到的精彩内容分享到朋友圈。

微信的诞生，打开了一个可以“窥探”朋友圈私密的机会，在朋友圈里，我们可以了解张老板喜欢钓鱼，小李原来是个健身达人，娜娜家里竟然有个吉娃娃……同时，在微信里我们还可以和刚刚认识的小张互为好友，跟一起开party的Jane和Tom组建线上社群。

微信，打开了自媒体的口子，让人人成为内容制造者，让人人成为内容传播者，这种强黏性的社交平台，抢占了用户大量的碎片时间，几乎人人都成为朋友圈内容的阅读者。

内容3.0时代，用户不再单纯地坐等内容出现，用户也很少搜索内容信息，他们的碎片时间通过不断刷朋友圈，获得各种信息，而那些在朋友圈里具有一定打造自身超级IP意识的人，会获得更多关注，因为他们的内容值得被阅读，他们的一举一动值得被仿效。

内容3.0时代，不再单一由掌握话语权的媒体来制造内容，也不再单一由掌握话语权的机构传播内容，而是人人参与内容的制造，人人参与内容的传播。

在内容3.0时代，所有的创业者应该秉承高质量出现的法则，积极在朋友圈和公众号里打造超级内容，因为：你不出现就相当于你不存在，你没质量地出现就相当于你自身没有质量。

二 超级内容的方向与分发方式

内容为目的服务，创业者做内容是为了找到同频的合伙人或是对产品有意向的用户，因此，以目的为导向做内容就不会有偏差。

创业者的朋友圈内容更在于细水长流，持续不断，才能够让私域流量里的粉丝产生链接你的冲动。做内容是过程，方向一定要清晰，所有创业者的内容其实都可以围绕三件事展开，即传递真实的自己、记录创业的精彩、塑造爆品的价值。

1. 传递真实的自己

朋友圈常见两种极端，一种极端是只发生活状态不发工作状态，他们认为朋友圈是私人社交场合，任何工作都没必要在朋友圈展示；另一种则恰恰相反，朋友圈全部是产品或者工作，除了销售话术还是销售话术，恨不得一天24小时在朋友圈发广告。对超级IP或创业者来说，这两种方法都不可取，最可取的是做一个真实的自己，生活和工作的状态协调统一，才能组成一个完美的创业者的朋友圈。

回归社交的本质——愉快地玩耍顺便做点生意，创业者的微信朋友圈内容打造无外乎“回归日常”，把生活和工作的点点滴滴感悟，都可以展示在朋友圈，唯有这个超级 IP 更真实地存在，粉丝才会产生跟他链接的意向，所以我们更应该站在粉丝的角度来打造朋友圈，粉丝除了关心你的事业，更关心你是一个什么样的人，有什么兴趣和爱好……

为尊重别人的隐私，我用三则自己的日常内容与大家分享。

秀家庭

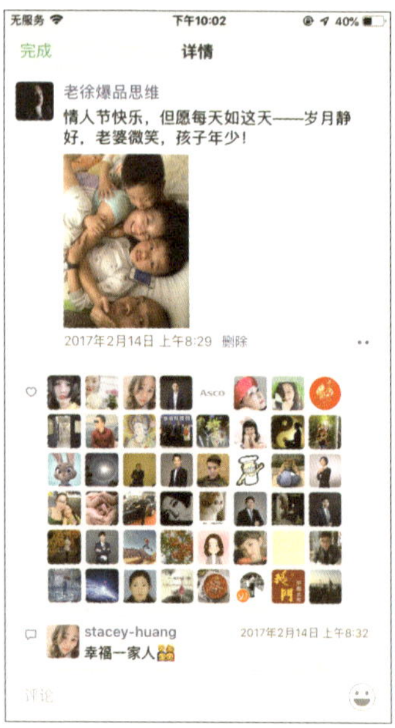

秀恩爱

秀自己

2. 记录创业过程的精彩

在社交媒体销售产品，绝不是一蹴而就，也不是打打广告、刷屏推广、群发短信就能把产品卖出去的，社交创业的本质是基于对超级IP的认可，基于双方的信任关系，创业者需要减少在朋友圈或社群里的刷屏卖货行为，而是在朋友圈或线上群不断地传递创业过程的精彩，一方面是给已经加入社群的合伙人归属感，一方面更是不断刺激和吸引那些观望中的准合伙人和客户。

常规来说，一个创业者在创业过程中有许多精彩瞬间，无论是一对一的勾兑，还是一对多的会议，无论是沙龙还是饭局，只要是有群员参与的活动，请记录下这些精彩瞬间，然后发到朋友圈和群里。

案例 15
南京匠群会联合发起人王烽的朋友圈

王烽，南京电视台《女人帮》栏目制片人，南京匠群会核心发起人之一，在2019年4月10日，南京匠群会10位发起人打造个人IP影音素材的当天，王烽在5个小时内发布了8条朋友圈视频信息，并配合文字说明，向朋友圈所有朋友宣告了南京匠群会的集体活动。期间，不少对社群感兴趣的朋友对王烽进行了咨询，王烽将这些对社群感兴趣的朋友邀请进线上群进行深度了解。

案例 16 抖素商学院联合创始人程志的朋友圈

程志，抖素商学院联合创始人。抖素商学院诞生于2019年8月，由百草老师、程志、彭功学三位核心发起人成立，专注于短视频行业的培训，侧重于培养素人成为带货型网红。抖素商学院正在全国各地招募合伙人，截图部分是在2019年12月底，抖素商学院山东分院成立前后的精彩瞬间，作为联合发起人的程志，这几天朋友圈发布的活动现场视频、城市合伙人积极加入等内容，会让有意向加入的城市合伙人感受到抖素商学院的拓展能力以及运营能力。

对于所有的创业者来说，内容打造其实并不困难，困难的是养成“随时随地采集内容的习惯”，如果没有内容打造意识，再精彩的创业瞬间也记录不下来。

所以我编个顺口溜送给所有创业者，以后社群活动或者精彩瞬间记得这个顺口溜，内容素材就会源源不断——

活动不拍照，纯粹瞎胡闹！

活动没视频，别来玩社群！

3. 塑造爆品的价值

超级IP和创业者除了在朋友圈发布日常的生活和工作，除了在社群和朋友圈记录社群活动的精彩瞬间，还有一个重要的内容就是——塑造爆品的价值，因为爆品大多是基于超级IP方法论打造出来的，围绕方法论，把爆品的方方面面说透，才能激发合伙人的参与激情。

案例 17
曲奇大叔的
朋友圈内容

陈春鸿，互联网花名：曲奇大叔，他在烘焙行业有10多年从业经历，曾在某大型烘焙企业担任副总裁等职，2017年成立金麦龙食品，创立鲤鱼鳞商标，对标香港珍妮小熊曲奇，立志要打造全球最好吃的曲奇。

为了寻找最好的面粉，他测试了包括美国、法国、加拿大等来自全球的69种面粉，最终确定了一种最理想的面粉，使得烘焙后的曲奇颗粒均匀、蓬松细腻，独具特色。为了使用最棒的黄油，他选择26种品牌的黄油反复测试和对比。为了打造健康的爆品曲奇，生产全程不添加香精、色素、防腐剂、膨松剂、泡打粉等。

为了满足不同的吃货，已经将曲奇做到极致的曲奇大叔仍在不断开发各种新品，他和国家地理标志的水果充分结合，比如仙居的杨梅、泰国的榴莲、新疆的沙棘等，开发出更多水果×曲奇的品种，这些新开发的水果曲奇，既保留了曲奇的酥化，又释放出水果的果味，大受吃货们的欢迎。

为了推广鲤鱼鳞曲奇，曲奇大叔在朋友圈这个战场狠下功夫，不断增加粉丝数量，从原来一个微信号增加到八个号，每个号都接近5000人，2019年全年，曲奇大叔通过私域流量产生总计500多万元的订单，其中2B订单占比高达85%。

老徐分析认为，除了极致的产品外，曲奇大叔在超级内容上狠下功夫，曲奇大叔像打造爆品一样精心耕耘自己的朋友圈，以每天3~5则的频次更新朋友圈，甚至连每一段文字、每一张照片都精心处理。

曲奇大叔谈新品

曲奇大叔谈口感

曲奇大叔谈选材

案例 18 聪荟珠宝创始人的爆品内容

陈聪，IGI国际珠宝鉴定师，知名珠宝设计师，12年珠宝行业从业经验，专注于珍珠与彩宝的设计与销售。

她非常认可莎士比亚的名句——“珠宝沉默不语，却比任何语言更能打动女人心”，她认为珠宝以其稀有和恒定不变的美，吸引着世间女子趋之若鹜，那些凝聚了自然和工艺之美的珠宝，意义远远超出了装饰或财富价值。

它们是浪漫故事的纪念品，才华的现实结晶，甚至是表达个性的宣言。

为了更好展现自己设计和销售的珠宝，陈聪开始在朋友圈用精致的图文展示自己的珠宝产品。一开始对于在微信上推广珠宝陈聪还有顾虑，但经过深思熟虑，她认为除了微信朋友圈外，没有更好的平台能够让她的观点和珠宝有效展示。

对于南阳金珠，陈聪在12月18日用了9篇朋友圈累计26张照片进行集中展示，所展示的产品主要集中在耳钉、耳扣，金色的珍珠配合图文宣传，很好展示了爆品的价值。

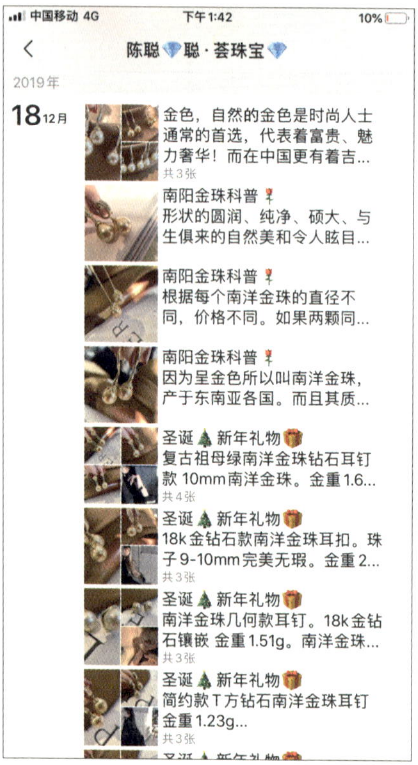

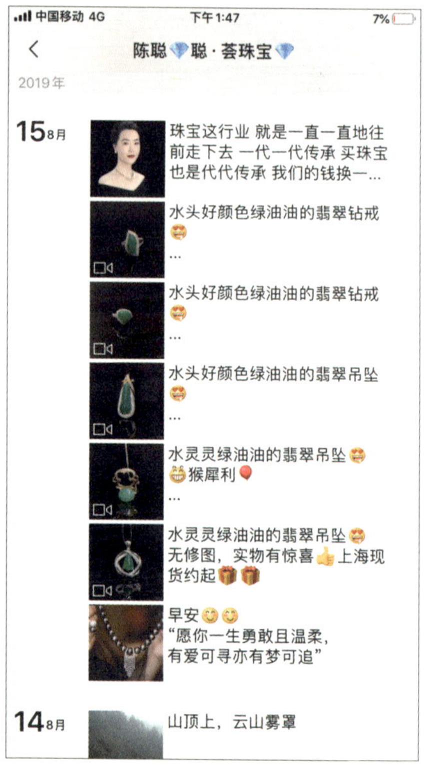

对于翡翠，陈聪在8月15日用了5则视频展示翡翠的色泽和质地，所展示的产品主要集中在翡翠钻戒和翡翠吊坠。

她在朋友圈除了展示珠宝外，还展示家庭、女儿，以及对时事、新鲜事的观点，因为她知道朋友们购买她的产品，也需要了解她是怎样的人，是否靠谱，是否值得信赖。

在朋友圈没有比信任和坦诚更珍贵，这是在实体店无法体验的乐趣。陈聪的微信朋友圈经常成为那些爱珠宝人士定期翻阅对象，陈聪会在节日、上新货、大促活动期间推出系列珠宝进行展示，随着多年来的朋友圈运营，线上几百元小金额的成交，渐渐变成线下大金额乃至五位数、六位数的交易，从弱链接慢慢变强，甚至有不少顾客在线下的活动中也变成了闺蜜。

陈聪，正在用社交工具和她的内容打造方式，销售着她的爆品，展示着自己的别样人生！

4. 超级内容的四种分发方式

在微信生态里分发内容，频次并非越多越好，而是恰到好处，微信其中一个重要的规则是“不打扰”，因此，创业者要学会多渠道分发，恰如其分的宣传而不要骚扰性刷屏。

在微信生态里内容分发主要的渠道有四种，分别是朋友圈、微信群、一对一聊天以及群发，这些分发渠道也有一定的规则限制，比如群发，微信会限制单次只能发送200人，并且在一定时间内只能发送10次，同时，若过度群发就会遭到朋友的投诉，甚至微信的警告。

我列举了几种常见内容形态和常见分发方式，供读者参考。

内容形态	朋友圈	微信群	一对一聊天	群发
个人家庭与生活	√	×	×	×
创业过程的精彩	√	√	√	×
爆品的价值	√	√	√	×
纯文字感悟	√	√	√	√
图文型海报	√	√	√	√
15秒短视频	√	√	√	√
公众号推文转发	√	√	√	×
用户截图反馈	√	√	√	×
大于15秒的长视频	×	√	√	×
语音课程	×	√	×	×
产品详情页	√	√	×	×
群活动接龙	×	√	√	√
活动报名链接	√	√	√	×

以上四个分发渠道都各有优劣势，相比较而言，朋友圈和微信群的兼容性更大，一对众传播和分享的效果更好。

三 超级内容的五大心诀

因为隔着手机屏幕，用户无法感知到IP的方法论，无法感知产品真正的价值，所以必须靠听觉和视觉以及配合大脑的想象来感知。你所讲的故事，你所呈现的图文影音，都是内容的载体。每一个文案、每一个设计、每一个影音的创造者，都有对同一个产品不同的内容理解和阐述。

我是一个内容“老司机”，每年朋友圈原创内容1000则以上，公众号原创文章100条以上，协助客户和匠群会分社每年创造内容2000则以上，总结出打造超级内容的一些规律。

如果说怎么才能干出好的内容，我理解的好内容是“三心二意”——童心趣味盎然、匠心百折不挠、爱心浓烈饱满、立意深邃高远、创意天马行空。我发现，这个时代的内容如果不能给阅读者或参与者走心入骨的内容，那么这个内容将很难传递出真正的价值。

为什么现在的内容要直指人心？

还是回归到现在的社交创业，社交创业的本质不是兜售产品，而是先发生人与人的信任链接，而人与人打交道靠的是什么？靠的是真诚、善良、诚信、义气等一系列人性化的东西，这些东西是要靠图文影音才能让人感知的。

1. 童心趣味盎然

无论是谁，无论他有多累，当他看到孩子的脸庞，听到孩子的微笑，都会放下警惕，心生喜悦。最早的一批广告人很善于用儿童来演绎广告内容，比如法国依云水，一直用婴儿来演绎他的广告内容，其中有一则“婴儿滑轮”篇，一群不同肤色的婴儿在玩着高难度的滑轮，趣味盎然，获得了很多广告大奖。同时，在海报设计中，依云牢牢抓住，Live Young 的主题，用各种肤色的模特结合婴儿装的 T 恤，满满的童趣，在俏皮的同时展示出依云对受众传递的价值。

一个超级IP，无论是为自己输出内容，还是为其背后的爆品输出价值，当他一直在“装”，一直在“端着”，就会显得虚假，我们太多人看惯了伪装，反而喜欢单纯幼稚的童心。

何妨，我们放下所有的警惕，放下所有的伪装，适当放下身段，用童心来做内容，通过内容把童心传递到朋友圈。

有趣有时候比有价值更重要，有趣的灵魂更能引发别人对你的信任，有趣的灵魂更易交到真心的朋友。

案例19 趣味盎然的蹭一蹭，蹭出一个地垫品牌

2014年，老徐服务了一个地垫品类的客户——大达地垫，大达地垫一直以外销为主，这几年想打开国内市场，因此找到老徐，这类家居产品在西方已经很成熟，无论是厨房、卫生间门口乃至卧室里面都垫着一块，在中国属于消费升级型产品，然而在对国内市场进行内容传播的时候，老徐团队一直没有好的内容切入点，一度陷入僵局。

在百思不得其解的时候，我带着几块大达地垫回到家里不断体验，在门口、在厨房、在洗手间门口不断体验，以便找到创意源泉。我家大儿子当时6岁，在看到我不断在地垫上蹭来蹭去，他当时还在写作业，随口来了一句：大达地垫蹭一蹭，蹭一蹭。

说者无心，听者有意。我在想，连孩子都知道回到家里蹭一蹭，如果蹭一蹭这个动作能够形成“超级符号”，所有接受到传播的人都记住了蹭一蹭这个动作，或许有可能会蹭出一个知名品牌。

我马上叫来孩子，和他在地垫上一起蹭，一边蹭，一边唱着："回到家里蹭一蹭，大达地垫，洗完澡出来蹭一蹭，大达地垫。"孩子听了后觉得不押韵，还煞有介事地对我的广告词进行了修改，把"洗完澡出来蹭一蹭"改为"洗完澡澡蹭一蹭"，"澡澡"这个词完全儿童化，更加富有童趣。

接下来所有的内容传播有了突破口，围绕"蹭一蹭"这一童趣的动作，创意灵感源源不断地出现，并且客户在听完如此有童趣的创意后发出了发自肺腑的笑声，并为这个创意追加了预算，在预算到位的情况下，老徐请来有好爸爸、居家男神之称的林依轮代言。

确定林依轮合约之后，我按照我大儿子的创意再加工，演绎出了一则"蹭一蹭"的TVC广告。

"蹭一蹭"广告在央视播出后，我们还启动了视频媒体和社交媒体的内容传播，取得了不错的成绩，大达地垫在内销几乎为零的情况下，两年时间做到内销年销售1.6亿元。

镜头	画面描述	旁白
1	林依轮接女儿放学回家，两个人在门口的地垫上，有节奏地蹭起来，父女相视会心一笑	回到家里蹭一蹭
2	厨房门口，林依轮和太太端着菜出来，在厨房垫上有节奏地蹭起来	厨房出来蹭一蹭
3	卫生间门口，太太和女儿裹着浴巾，在浴室垫上有节奏地蹭起来	洗完澡澡蹭一蹭
4	三口之家，在客厅垫上有节奏地蹭起来	大达地垫蹭一蹭
5	品牌标版：logo + 广告语	为家承载，大达地垫

2. 匠心百折不挠

我从未敬佩过一路开挂的天才，但是我敬佩那些不断死磕自己小宇宙的人，不断超越自己的人，因为他们身上有着这个时代最可贵的品质——百折不挠的坚韧品质。

在“造神”时代，许多传统媒体一面倒地讴歌英雄。而当下，是匠人时代，绝对不能用讴歌的方式来赞美匠人，因为这些匠人也是普通人，只是他在所在领域不断死磕，搞定了自己的小宇宙而已。况且，过多的赞美声会招来质疑，会让粉丝在思想上觉得有差距。因此，在给匠人塑造价值的时候，尽量回归真实，善于挖掘匠人背后百折不挠的故事，善于发现匠人身上真实的人性之美。

所以，针对匠人的文章我特别爱读，也特别爱写，因为他们跌倒了爬起来，不服输，不放弃的精神时刻激励着我。2016年4月，我为纺织匠人老张写了一篇众筹文章，1个月时间完成超过4000件产品的众筹。

案例 20
这个匠人老张，死磕一件越穿越冰爽的冰 T 恤

张军，朋友称他老张，有人说他是一个梦想主义者，有人说他是个奇葩发明家，他自己坦言他只是一个纺织匠人。他大学毕业后去了一家纺织厂当技术顾问，一做就是四年，后来又成为某大型纺织公司的技术总监，再到后来自己创业，不知不觉，老张在纺织行业做了20来年，他最美好的年华都献给了纺织行业。

有一次，老张忙里偷闲去学校接自己的宝贝闺女，发现女儿刚上完体育课，身上全是汗，衣服都湿透了，回到家女儿就打喷嚏，第二天就受凉感冒了。老张想：我自己就是做服装的，能不能给孩子做一件不会汗湿的衣服呢？

死磕，冰霸 1.0 诞生

老张走访了几十家纺织厂，可是一直没有找到理想的材料，他决定和研究团队做更大胆的尝试：对纤维做改性研究，改变纤维的分子结构。历经1年时间的摸索与探究，2015年，老张团队最终研发出一种纤维面料，穿起来像纯棉一样舒适，同时又可以做到点水不沾，具有秒吸排汗功能，这是迄今为止导湿性能最强的纤维面料，团队兴奋地将这款纤维命名为冰霸，并注册了纤维类别的商标。

然而，成功总是在绕弯路，没有人能够随便成功。

在对这种改性纤维进行染色的过程中，技术人员发现这种面料用传统的染色方法很难染色，老张在自己的工厂实验了20多种染色材料，竟然没一种合适，此时国内改性纤维的染色技术竟然是零，老张倔强地想到了自己去调配染料，于是，老张北京请专家，上海找教授，再次历时半年，总算找到了真正能解决问题的染色专家，完成了对冰霸这款面料的染色。

再死磕，冰霸 2.0 研制成功

染色搞定了后，团队开了一次庆功宴，老张觉得大功告成了，可以批量生产了，可是，再一次的实验几乎将老张击垮。

在最后几轮实验下来，团队发现另一个现象：光有冰霸这种超级导湿性能的纤维面料还不行，因为汗液导出到衣服表层，如果不能快速排掉就会停留在衣服上，依然湿嗒嗒的，依然达不到最佳效果。

老张和团队进入了漫长的纠结期，因为快速导湿和快速干衣是个矛盾体，市面上任何一款快速吸汗的面料几乎是不可能快干的——这就如同海绵可以吸水很快，但是海绵里的水分风干就很困难。

2015 年夏季，老张团队终于找到了解决方案，用二合一的方式解决导湿快和风干快的矛盾，其内部用的是散热快的冰霸纤维，外部用的是蜂窝状的快干面料，其外层面料的原理是面料层上有许多针孔大的孔，而且每一个小孔上又由无数个纳米级的小孔组成，这些小孔眼展开的面积呈几何级数增加，最大幅度地接触空气，具有快速扩散热量的作用。

实验成功后，老张给儿时爱好打篮球的朋友们每人裁剪了一个小样，朋友们穿上打了个把小时篮球，体验下来直呼过瘾——“奔跑的时候凉飕飕的”“不觉得身上热”“衣服外面有点湿但是里面是干的”“太过瘾了”“太亲肤了”“这就是冰T恤呀”……

那一天，老张和这帮儿时的球友对瓶吹了7瓶啤酒，老张喝得很多，也喝得很畅快，他一边喝一边哭，40岁的大老爷们坐在大排档的凳子上哭得像个孩子，球友们都知道他这几年太苦了，耗光了自己的积蓄，熬白了少年头。

2016年6月2日，老张的冰霸冰T恤正式登录“匠群空间”公众号发起众筹，这是业界首款“单项导湿，定向降温”的冰感运动T恤，售价139元，文章发布后，在匠群空间的公众号商城里，日均超过150件订单，一个月的时间就实现了4783件冰T恤订单，在后台能够查到几百个粉丝的留言——“支持匠人匠心”“老张好样的”“为你的死磕精神点赞”“必须支持匠人一下”……

3. 爱心浓烈饱满

爱是这个世界上最昂贵的永不再生的奢侈品，一旦失去，就不能重来，所以，每一个人，都要好好珍惜爱——因为没有人会无缘无故爱你。爱包涵了爱情之爱、亲情之爱、友情之爱，每一种爱都是人间最美好的情感。

案例 21
正大食品的
走心视频

在内容创作上，许多人觉得商业和爱之间没有关联，其实不然，许多产品的内容都借助爱来表现，泰国正大食品拍摄过一个3分钟的视频短片《别让爱我们的人难过》，在植入正大食品的同时，把母爱展现到极致。

一个嫌妈妈管得严，负气离家出走的女孩，饥饿时在大排档得到一个陌生阿姨的一碗蛋炒饭，这碗饭竟然按照她最喜欢的蛋炒饭炒出来的，女孩这才知道，她的妈妈赤着脚走了很多店铺，早在女孩到达大排档之前，这个悲伤的妈妈已经来过，并告知女孩爱吃的炒饭类型。女孩含着泪，回忆了母亲对自己点点滴滴的关爱，拿起了电话打给了母亲。

这样一则暖心的视频，让许多受众想到了自己的妈妈，很多在外务工和创业的人看完后不约而同地想给母亲打个电话，正如美国著名诗人惠特曼说过："全世界的母亲多么的相像，她们的心始终一样，每一个母亲都有一颗极为纯真的赤子之心。"

我粗略统计，这则视频在中国的互联网平台上总播放次数超过3亿次，可见一个走心的内容带来的价值和意义。

案例 22
老徐朋友圈点赞最多的一条微信

2014年10月31日，老徐加班回家在21:30左右，在客厅里看到六十多岁的岳父正在给他八十多岁的岳母捏脚，瞬间眼眶湿润了，遂用手机记录下这美好的一幕，然后发到朋友圈。这则朋友圈微信的总点赞量327条，总评论量破60条。

推敲其原因，无外乎是亲情之爱的力量，大家在朋友圈晒吃晒喝习以为常，乍看到这么正能量的微信，自然给个赞。甚至有评论留言说，我老婆也一定是个孝女，家里老人孝顺，孩子一定差不了。

案例 23
有情有义的老季和他的小叶红茶

2017年8月，小叶红茶众筹之前，老徐采访老季后创作了一篇《有情有义的老季火热他的小叶红茶》，将经历风雨后的老季的情和义展示得淋漓尽致。在这篇文章里，老季谈的都是关于爱——从母亲、太太和女儿逐个谈起，再谈到了他的传奇人生。这篇文章经过一个月左右的传播，因为爱心浓烈，在社群成员的支持下，老季的小叶红茶销售了2000多盒。以下是这篇文章的部分内容：

老徐初见老季，犹如喝到他的小叶红茶，初品温和，细品回甘。

老季这样的人，是历经人世沧桑、看透名利与生死后依然有情有义的人。

小叶红茶这样的茶，是经历反复揉捻和烈火烘焙，同时还要耐住寂寞发酵后才能绽放芬芳的茶。

老徐问老季，你是如何看待家庭，老季打开了话匣子，谈到了他生命中三个重要的女人。

第一个是季妈妈

老季的妈妈特别有精气神，是一个非常清秀非常干净的老人，文质彬彬，从未和邻里有过矛盾，能够吞得下世间所有的委屈，她让子女在外闯荡，却又对每一个担惊受怕。

2014年，老季在金融市场进行杠杆操作，亏了3000多万元后四处躲债，最担心老季安危的就是季妈妈，原本身体就不好的妈妈在2015年永远地走了，走的时候老季感觉自己也走了半条命，有近一年时间感觉身子是空的，那半条命都没找回来。

妈妈走的那年老李45岁，他说妈妈在世的时候永远觉得自己是小孩，妈妈走了才发现有妈真好，有任何委屈只要有妈在就能找她诉说，现在，那个最耐心的倾听者走了。妈妈走了两年多，但是每想到妈妈在世时的样子，老季的眼角依然有泪花。

第二个是老季的女儿

老季的女儿今年16岁了，处于人生中最关键的时期，前年有个朋友知道老季破产后，高薪聘请老季到北京工作，老季因为女儿推辞掉了，看懂人生意义的老季不再围着钱转，最重要的事情就是陪伴着女儿成长。

他说年轻的时候太拼，以前一年在家里不超过一个月的时间，女儿小时候缺失父爱，现在每天都要看到女儿，一天看不见就想。老季说到9月份女儿上高中要住校，说到这里，脸上露出不舍的样子。

他说，00后的小孩都很叛逆，一边跟你吵，一边还朝你撒娇，你关心过度了她还不乐意。有一次，她晚上9点多要骑车去同学家拿绘画本，骑车只要10分钟，老季说送女儿去，女儿就是不愿意，还说老季把她当小孩。女儿一出门，老季就悄悄跟在后面做个隐形的护花使者，跟个间谍似的，他说，要看到女儿安全而且不被女儿发现，这可是技术活。

第三个是季太太

在老季41岁的时候，老季被查出来患了直肠癌晚期，这种病就跟判了死刑一样，老季整天跟没事似的该吃吃该喝喝，跟了他近20年的老婆思想负担很大，在老季面前跟个没事人一样陪老季嘻嘻哈哈，其实天天背着老季哭，她甚至向菩萨许愿，只要老季的病能好，愿意用自己的阳寿来换取。

老季顽强地扛过了化疗，九死一生，战胜了癌魔，现在的老季更加看懂了爱情的价值，爱情其实已经成了亲情，成了习惯。他说我不懂什么叫爱情，但是我老婆如果不在了，我一定活不下去。（他对老徐说这句话时没有半点隐藏，就仿佛这个承诺是顺理成章的。）

以前爱和朋友喝酒的老季不再出去了，他说无论什么五星级酒店都睡不着，只要躺在老婆身边就会觉得踏实，闻着老婆的气息，听着她的呼吸就很安心，他说这辈子能娶到太太，自己赚大了。

老季说其实天底下的女人都很聪明的，她们第六感特别灵，以前好多生意都是听老婆就能赚钱，不听老婆的都亏钱了。这次二次创业做小叶红茶的生意，许多人说老季赚不了钱，但是季太太很支持，陪着他一起选茶叶、定包装。其实，她只想安稳地和家人一起生活，不求多大的富贵，只要一家人平平安安比什么都强。

参与众筹，筹的不仅是一盒茶叶

这次老徐专访的本意是让老季谈茶，却不料让老季谈起了他的家庭，谈起了他做人做事的态度。老徐发现，这个做了20多年生意的老季身上褪去了生意人的圆滑，一言一行充满了真诚。

47岁的老季，既有经济的压力，又有爱与责任的压力，当然，这份压力绝不是你必须参与众筹的原因，没有任何理由你要支持一个素昧平生的茶人。但是，老徐依然号召认可老徐的朋友们，请支持老季，参与众筹哪怕一盒小叶红茶，原价299元/盒，众筹价仅需199元/盒。

其实，我们支持的不仅仅是老季，我们支持的是我们社群里一位中年男人的代表，“我们”是那些在“不惑之年”上下的中年男人，我们是牙掉了自己咽，在压力面前不屈服，在情义面前不软弱的一群男人。

我们即便某一天一无所有，甚至如老季一般负债累累，我们也不会减少对生活和家人的热爱。

因为，我们都是老季！

对超级IP来说，在朋友圈体现你是一个有爱的人，你是一个理解爱的人非常重要，我们活在爱的世界里，要抓住生活中每个有爱的瞬间，大胆在朋友圈秀出你对爱的理解。

如果说传达童心让你更受欢迎，传递匠心让别人看到你的价值，那么，在朋友圈传递爱心，则会让人产生信任，因为你懂爱所以你更真实，更值得被关注。

4. 立意高瞻远瞩

朋友圈的内容，在立意方面要高瞻远瞩，能够站在新的高度带领受众去感受更高层面的精神享受，或者激发受众去思考更深层次的认知，唯有这样的内容才能让人久久难以忘怀。

所有兜售产品的不应该只停留在产品层面，销售面膜的其实是提供一种女人爱自己的生活态度，销售营养品的其实是提供一种健康的生活方式，卖农产品不仅仅是卖口感卖新鲜，更是传达一种“助农”精神。

我们太多人在思维层面只愿意认知所看到的表象，立意的价值就是超越表象看本质，所有物质的表象无论多么华丽词语都是苍白的，只有情感和精神的内质才会在社交平台获得价值。

案例 24
衣合万家的立意——帮助留守儿童家庭回乡创业

周琳做了10来年社区店的产品中间商，从上游以较好的价格拿来产品，比如拖鞋、拖把、果盘等生活用品，再批发给社区店，生意起起落落，2015年起，因为线下商业本身受电商冲击较大，加上中间商模式逐渐没有优势，周琳考虑转型，衣合万家去库存服装模式逐渐摸索成型。

2016年经过在上海闵行和安徽蚌埠两地3家店的验证，3家店都盈利了。虽然盈利不大，但是星星之火可以燎原，一旦形成渠道规模化、采购系统化、管理集中化，盈利还是相当可观的。

中国每年都会有大量库存服装产生，这些库存服装实质上都是从来没有被人穿过的“新衣服”，缺点是款式旧，服装企业在处理这些库存的时候其实已经远远低于生产成本，但是这些服装被挑选过，熨烫过，然后工工整整地挂在货架上能够满足工薪阶层消费者的日常穿着。

用周琳的话说，衣合万家首先做的其实是“衣服的唤醒者”角色，那些堆在仓库里的衣服是没有生命的，只有把它熨烫过、处理过、整整齐齐地挂在门店里，那件衣服就会复活。

2017年春节，老徐一直在琢磨怎么帮助周琳启动这个事情——在全民创业的浪潮下，老徐发现：中间商不再局限为那些传统的经销代理商，只要项目适合，上班族可以成为中间商，打工者也可以成为中间商。

正月二十左右，我看到一则新闻，瞬间泪奔了——

新闻中说到，每年的正月十六以后，各个省份的打工者陆续返城，他们要回到北上广等一线城市，继续他们的淘金梦。然而，春节前后20天左右的朝夕相处，孩子已经离不开爸爸妈妈，他们幼小的心灵多么期望爸爸妈妈能够留在身边，可是农村并没有多余的就业岗位，一亩三分地里撑不了一个家庭的未来。

每到这个时候，你就会看到农村里催人泪下的画面，一个个留守儿童和家长们离别的场景——

我看到照片里一个孩子哭倒在地上，泪眼婆娑地看着远去爸爸的背影；

我看到一个6岁的孩子追着爸爸妈妈搭乘的汽车，歇斯底里地哭喊；

我看到爷爷紧紧抱着哭得上气不接下气的孙子，远去的爸爸妈妈在车里早已泪流满面的场景。

老徐上网查了一下，发现中国竟然有6000万个留守儿童家庭，留守儿童问题是一个突出的社会问题——留守的少年儿童正处于成长发育的关键时期，他们无法享受到父母在思想认识及价值观念上的引导和帮助，成长中缺少了父母情感上的关心和呵护，有不少孩子产生认识、价值上的偏离和个性、心理发展的异常。

另一方面，这些外出打工者，内心也一定痛苦不堪。试问，天底下哪有父母愿意和孩子天各一方，哪个打工者不期望能够陪在父母身边孝敬父母，陪在孩子身边看着孩子一天天长大。

立意：帮助一万个留守儿童家庭回乡创业

看完新闻后我久久不能平静，一方面老徐这几年一直在提倡消费升级，提倡品质、品味和品牌生活理念；而另一方面，中国还有许许多多个留守儿童家庭，整个家庭的年收入不足5万元，还要忍受告别家人、远离家乡的痛苦。

假如，衣合万家项目针对6000万留守儿童家庭发起一个创业计划，帮助留守儿童的父母回乡创业，在距离家乡最近的乡镇或县城，用很小的投入，以及最小的风险进行创业，会不会是一件既有情怀，又有商业价值的事情。

一个商业如果怀有大爱，这个商业本身就会得到社会的认可。在仔细经过论证和财务核算后，周琳给出的答案是：经过培训，再加上好的选址，80%以上的回乡创业者能够在县城或乡镇开设衣合万家门店，且收入不低于在外打工的收入。

老徐团队为衣合万家设计的海报

很快，老徐帮助衣合万家制定了企业战略，尤其是制定了企业愿景——五年内，开设一万个衣合万家去库存门店，帮助一万个留守儿童家庭回乡创业。

内容＋社群助力招商

老徐团队围绕主题创作一系列衣合万家公众号的长图文，以帮助留守儿童家庭回乡创业为初心，以找到目标代理商、加盟商为最终目的。

列举其他几则长图文标题供读者赏析：《在美国卖过期食品的那位大爷，在中国找到对手了》《最好的商业模式，一定诞生在最坏的年代》《你凭什么把孩子养成了留守儿童》《孩子的期盼：我想有个家》。

这些深度文章以每月两篇在匠群空间公众号推广，同时辅以个人号进行转发，推广和转发的时间段重点放在晚间21:00-23:00，这是一个适合深度阅读的时间段。文章通过两个月的推广，组建了12个微信群，目标准客户（总群员）近2000人。

紧接着，通过线上群讲解，邀约到线下集中考察，短短3个月时间，衣合万家通过超级内容+超级社群模式完成门店签约总数486家。

衣合万家招商的成功是一次营销新玩法的成功，立意高瞻远瞩——锁定留守儿童家庭回乡创业，结合公众号文章配合个人号进行信息推送，再结合社群新玩法，通过线上群到线下群的分享让好项目快速引爆。一如我反复强调的——当老套路不能再产生价值的时候，我们要用新玩法来获得更多的商业机会。

5. 创意天马行空

在立意高远的基础上，我们不应该墨守成规，一切抓人眼球的创意都应该展示出来，无论是一个诱人阅读的标题，还是一张创意十足的照片，或是一个天马行空的想法，那些巧妙新奇的创意，才是获取流量的不二法门。

在超级内容的前4个心诀中，因为商业的需求有所限制，我们无法抛掉锁住我们的枷锁，唯有创意这个心诀是给我们每个创业者一次走捷径的机会，它给了我们创业者无穷的想象空间。

在内容1.0时代，叶茂中说过一句经典的话：创意，是让100万的传播费用起到1个亿效果的唯一路径。好的创意一定来自于对生活、对人性的高度理解。

案例25
芬腾TVC，
让田亮夫妇大变身

1997年，一家名为“汕头市洪兴制衣有限公司”的家居服企业在广东省汕头市成立，彼时，国内家居服市场处于萌芽阶段，老百姓购买家居服的概率很小，刚刚诞生的洪兴制衣，就专门组建了一支专业的设计师团队，注册了“芬腾”商标，致力于家居服饰的开发、设计和生产、销售，开始追赶时尚的脚步。

经过20年快速发展，芬腾在线下建立了2000多个销售网点，同时入驻了天猫、京东、唯品会等电商平台，均取得不错的销量，2017年企业年销售额达到8亿元。

随着家居服企业如雨后春笋般地冒出，市场竞争也日趋激烈，企业间的竞争越发明显地表现为品牌的竞争，虽然芬腾品牌已经是行业内知名品牌，然而消费者始终没有对家居服产生品牌记忆，多数消费者对该品类尚未形成认知，100个芬腾消费者只有3~5个知道自己买的是芬腾，芬腾品牌打造势在必行。

在这样一个背景下，2018年春天，企业掌舵者郭勇钧先生找到了老徐，期望借助老徐在品牌营销和内容策划上的强项，凝聚芬腾的品牌记忆符号，快速打造出芬腾的品牌形象，提高芬腾品牌的销售额。老徐团队半年时间，通过执行三个创意点，助力芬腾品牌升级。

1. 为品牌找魂

品牌基因就像一粒种子
它决定了品牌未来长大的样子
品牌基因是企业十年、二十年品牌建设过程中
始终不渝要坚守的“魂”

为芬腾品牌找魂，其实简单一句话就是为芬腾品牌找到一句便于传播、让人产生美好联想的广告语，在为品牌找魂环节，老徐团队做了大量调查，发现了家居服行业还在传播款式时尚、面料健康、穿着舒适等功能性诉求，而作为知名品牌势必要跳开功能诉求，提升到更高的“情感需求”角度，唤起消费者的共鸣。

另外，老徐团队在走访时发现，这家诞生于潮汕地区的企业有着浓郁的家乡情结，企业内部所有的潮汕人都宣扬从一而终的爱情婚姻观，在潮汕人的婚姻观里，爱情不是一见钟情的相遇，也不是轰轰烈烈的相处，而是慢慢散发、持久芬芳的，这是潮汕人独有的爱情经营哲学。

在思辨环节，老徐认为芬腾作为家居服行业知名品牌，一定要倡导一种价值观，这种价值观最好是“家文化”和“爱文化”的具体体现，因为家居服作为营造和谐的家居文化和爱的载体，能够让消费者更注重回家的感觉。

最终，老徐通过拆解“芬腾”二字的含义，发现：“芬”即芬芳，芬芳四溢，象征爱情的浪漫与美好；“腾”，即腾飞，情感升华，象征爱情的自由自在，芬腾本身和“爱文化”密切相关，爱文化可以说是芬腾与生俱来的品牌基因。

找到了爱文化的魂，在最终呈现上，“让爱芬腾”这四个字脱颖而出，简单的四个字广告语，既传递了品牌，又嫁接了“爱文化”，还代笔了这个发源于潮汕地区的家居服品牌所倡导的“爱的主张”。

2. 为传播找料

品牌魂有了，找谁来演绎呢？尤其是进行大传播的时候，普通模特的表演肯定比不上明星艺人带来的知名度和影响力强，老徐团队在寻找明星代言的时候基于以下四点考虑。

第一，最好是恩爱情侣或夫妻明星

第二，最好在25~45岁消费者心目中有着很高的知名度

第三，能够代表或展现芬腾是家居服知名品牌的实力

第四，能够演绎出“让爱芬腾”的感觉

在明星夫妇中，老徐很快就锁定了田亮夫妇为不二人选，因为他俩一个是奥运冠军成功跨界影视圈，在《爸爸去哪儿》中大获好评，一个是在

《超级女声》中和李宇春、张靓颖同时出道。另外，田亮夫妇人气很高，分别有2000多万和1000多万粉丝。

老徐和郭董经过三次会晤，最终确定签约田亮叶一茜夫妇，一个老牌的家居服品牌，请来明星夫妻档代言，这在家居服行业也是不小的轰动。

在TVC的创作环节，老徐团队经过多次碰撞，终于有两则符合年轻人的、俏皮的创意诞生了。在央视以及腾讯视频等媒体上播放，取得了很好的传播效果。

创意a：小甜心篇

① 文案：

在外面，你是世界冠军

在外面，你是优秀歌手

但是

回到家里

我们是彼此的小甜心

芬腾家居服

让爱芬腾

② 创意概述：

通过田亮获奖的照片以及视频里叶一茜的表演，唤起受众对两位明星的再次认知，继而回归家庭的场景，即便你在外面风光无限，在家里，就应该穿上芬腾家居服，享受甜蜜的二人世界。

创意b：变身篇

① 文案：

变

变

变

变

芬腾家居服

让爱芬腾

②创意概述：

在家里，叶一茜要求换装，田亮赶紧求饶，随着叶一茜的一声响指，田亮穿上了叶一茜的女式家居服，田亮随即展开报复，一个响指过后，叶一茜身上穿着男式家居服，叶一茜紧跟其后让田亮穿上卡哇伊的女式家居服，田亮更狠，一个响指过后，叶一茜除了穿上男装，还长出了俏皮的胡子，这时候，叶一茜有些生气了，搂着田亮的脖子，装作要打响指的样子……

3. 让销售引爆

结合明星效应，老徐建议芬腾家居服的设计师团队，根据季节特点，开发了男款和女款各7款爆品，在各大电商平台和线下门店销售，彼时，恰逢“双十一”到来，是秋冬款家居服的畅销旺季，明星同款产品一个月就产生了3500多万元的销售订单。

小结

芬腾的品牌提升和传播物料打造过程充满着艰辛，幸好这种工作能够发挥创意的想象，老徐团队从品牌的魂，到品牌的魄，再到传播内容和爆品打造，让芬腾在2018年顺势增长超过40%。

老徐的理解是：纯品牌打造时代过去，当下一定要结合网红经济和眼球经济，采取接地气的品牌手法，用创意结合爆品，才有机会让老树发新芽。

四 超级内容的三类打造者

我在和客户喝茶的时候，经常和客户谈到内容打造的重要性，每当谈产品的时候，客户是很开心的，滔滔不绝能讲好几个小时，每当讲到如何打造内容时，则各种说辞——“不会呀”“请专业太贵啊”“做起来很麻烦呀”等，其实，内容打造对我而言是整本书方法论里最容易的板块，95%的内容甚至无需超级IP操心，因为这是个人人制造内容的时代，要学会授权，而在授权之前，要懂得内容的道和术。

特别要提醒三点：

其一，内容打造不是写几篇公众号文章，或者发几则朋友圈海报和文字就搞定的，微信朋友圈的内容打造是一个完整的体系，从个人IP定位、个人IP的相关图文影音、合伙人的相关图文影音、客户案例分享、日常内容输出等，都是要系统规划的。

其二，内容打造不是超级IP一个人或者请一个广告公司就能胜任的事，内容打造是一个团队作战系统，超级IP需要产出哪些内容，大P和小

P需要产出哪些内容，甚至消费者需要产出哪些内容都应该有所规划。

其三，内容的具体执行可以交给外包团队或者自己团队，但是一个超级IP一定要给基础的内容执行者大方向，并让执行者学习更好的内容，从而在学习中成长，在借鉴中创新。超级IP可以不会做内容，但一定要有超级内容的意识，要能看得懂超级内容，做一个识货的超级IP。

1. 超级IP引领内容＋制订内容计划

超级IP所发的朋友圈和炮制的长图文影音，应该是站在企业或创业者的高度，或者站在社群领袖，或者站在行业的高度来创作（或指导人创作内容）。

在整个内容体系里，超级IP永远不要放任合伙人随便做内容，要制订日计划、周计划、月度主题等内容，不断让合伙人在朋友圈制造话题。

案例26
聚阳生物的
代理商内容体系

2018年秋季，老徐受邀为聚阳生物进行培训，聚阳生物的超级IP是创始人苏荣华先生，他是一名科技灸行业的匠人，自主研发了眼灸仪、足灸仪、坐灸仪等产品，获得了多项发明专利。

参加培训的是聚阳生物200多位合伙人，这些合伙人大多拥有美容院和养生店，每天直接与终端客户接触。老徐在会议上用了2个小时，教会合伙人如何运营朋友圈，并现场帮助聚阳生物建立了一个“聚阳内容协作共享群”，该群的宗旨是，培训并引领合伙人做内容。

同时，老徐建议聚阳生物总部每年拨出5万元，奖励合伙人内容创作，具体奖励办法是：鼓励合伙人创作内容，合伙人每周有三次机会把自己精心炮制的内容或者已经在朋友圈验证过的优秀内容发送到“聚阳内容协作共享群”内，由总部每周进行一次评审，总计评选三则优秀内容，周大奖直接奖励500元现金，另设两个优秀内容奖，奖励200元红包。

此方法一经推出，聚阳生物从早期没人做内容，内容极度缺乏的现象，变成了经销商代理商抢着做内容，抢着在朋友圈发内容。其实500元的奖金额度并不大，但是，一旦内容被采纳后，这个合伙人在群内的价值认可度大大提高，合伙人的团队归属感也会更强。

在群内，大家共同学习，共同制造内容，共享优质内容，为聚阳生物形成了有效的内容系统。同时，基于很多合伙人原先每月难得发圈一次的状态，老徐还给所有合伙人制订了一个严格的周计划表：

	周一	周二	周三	周四	周五	周六	周日
早晨	#	# + W	#	#	#	# + H	#
上午	Z	Z	Z + H	Z+ H	Z	Z	Z
下午	A + K	A + K	A	A	A+ W	A	A
20:30	Y	Y	Y	Y	Y	Y	Y
22:00	K	K	W	W	H	H	W+ K

代表超级IP方法论精炼图文（短语+图片），该部分由总部整理创作。

Z 代表合伙人自主创作，以日常生活、工作内容为主，展示合伙人真实个性为主。

A 代表案例分享，该部分由合伙人创作，可以在群内复制其他合伙人优质内容。

Y 代表用户视频图文评价或用户聊天截图，该部分由合伙人自主采集，尽量使用图片或视频方式。

W 代表微信图文，该部分由总部负责输出，合伙人统一转发。

K 代表课程体系，该部分由超级IP或合伙人在群内分享，所有人需要拉新。

H 代表活动，该部分由总部拟出活动方案，大家发布活动方案。

老徐通过培训，为聚阳生物团队制订了一个合伙人内容周计划表，帮助代理商团队组建了1个内容协作群，发动了3类人协同参与创作，让每个合伙人的朋友圈有7种内容可以发送，每天超过6则自媒体内容丰富展示。

特别提醒：超级IP的“三人一群”标配计划

给所有想成为超级IP的个体一个提示：超级IP的打造仅仅依赖个人的力量是不够的，太多琐碎的事务如果亲力亲为势必耗时耗力，建立一个最小单位的组织，是为了进行批量处理，作为最小的作战单位，超级IP要有“三人一群”的标配意识，即“三人作战小组”和“一个学习群”的标配，三人作战小组是指教练一名，比如请老徐做你的社交创业教练，或者自己担当教练，把握方向、审核内容、指导步骤；内容助手一名，创造内容并采集合伙人内容；社群助手一名，管理运营社群并与粉丝互动；同时，还需要进入一个汇聚超级IP的社群组织，比如匠群会，跟一帮志同道合的超级IP相互学习，产生协作。

2. 合伙人创造内容 + 采集内容

合伙人是销售产品（或服务）的主体，也是内容制造和输出的主体，所有依赖性地向超级IP或总部索要内容的合伙人，本质上不是一个合格的合伙人。

做内容其实不难，难的是没有做内容的意识，合伙人创造内容要秉承“所见有感皆拍摄，信手拈来是文章”的态度，看见有趣的、有价值的马上拍摄（视频或者图片），然后琢磨，发现文字很难组织的就简单几句话说清楚即可，甚至直接上图，有图有真相。

案例 27
微云医疗合伙人
王总的内容意识

2019年初，老徐和太太Jane组织了一个线下沙龙，微云医疗合伙人王总恰好也在沙龙现场，之前王总赠送了一款他们公司的“养米”激光治疗智能手环给我太太，当天王总要求我太太谈一谈佩戴这款激光手环前后的反馈，我太太刚要细说，王总说你等下，遂拿起手机，选择一个最佳的拍摄角度。

我太太站在用户的角度，娓娓道来这款产品的心得和体会，尤其是对血脂方面数据的前后对比。当这个内容采集完毕后，王总随即传到公司的合伙人群内，引发许多合伙人下载并传播。

以上简短的案例，其实是合伙人在具备内容意识后的一次简单工作，采集内容素材并适当加以编辑是未来所有合伙人都必须掌握的基本技能。

因为合伙人是距离用户最近的人，最能听见用户的声音，合伙人不断采集用户的图文影音，然后经过简单编辑后先发朋友圈，再发送到合伙人群内，创作和分享两不误。

3. 用户支持采集 + 主动分享

社交创业都是针对熟人和半熟社交展开的，因此，作为超级IP或创业者的合伙人能够快速找到试用者和使用者，并可以通过赠品等形式让用户自主创造内容，因为用户是产品使用者，用户的真实分享是最具传播力的内容。

案例 28
贺仕曼的内容采集与内容共享策略

贺仕曼女士，来自陕西延安扎根上海的社交新零售创业领袖，洛娜思美妆品牌创始人，经过12年在美妆行业的摸爬滚打，她启动了洛娜思美妆的社交新零售，与全球最大的玻尿酸供应商、日韩多家海外知名化妆品企业建立了良好的战略合作关系，专注于国际潮流前线美妆产品的自主研发。

洛娜思旗下三款核心产品：水光幼肌液、多肽水肌膜、约会水感气垫霜，都是贺仕曼千挑万选并亲自测试的爆品，借助社交新零售的模式，合伙人和会员数量急剧增长，原先依靠企业自主创作内容的数量和质量，远远达不到合伙人的要求。为此，贺仕曼在合伙人群内提出了：采集用户内容、合伙人再加工内容、总部深加工内容、全员内容共享四大策略。

用户内容采集方式以“动之以情晓之以理”为主，可以适当赠送一些体验装，况且社交新零售的本质是熟人交易，销售者与消费者本身就有信任关系，因此，很多用户把自己的真实体验，通过视频和图片的方式发给合伙人，合伙人的手机里都存有非常多自己客户的真实案例。

合伙人再根据自己对用户的理解，进行简单的再加工，比如客户使用前后的情况描述，客户使用周期的变化，如何变白变嫩变美变自信等，然后合伙人将自己再加工的内容发布在“洛娜思内容共享群内”。

在“洛娜思内容共享群内”，贺仕曼安排公司资深设计师和文案及时下载这些内容，继而对有质量的内容进行二次再加工，加工后的内容再经过贺仕曼最终审核，再发布到“洛娜思合伙人总群”内。

在“洛娜思合伙人总群”内，所有合伙人可以直接转发到自己的朋友圈，或者针对自己的朋友圈现状对这些内容进行第三次加工，大量优质内容通过合伙人自主采集、自主创作、自主分发而不断传递出去。

由于采取了“共享内容”，合伙人再也不会为缺少朋友圈素材而苦恼，2018年7月，洛娜思自动裂变系统成功上线，上线当日6个小时新品洛娜思玻尿酸水膜销量成功突破10000盒，同年10月水乳霜三款新品预售，当天3小时累计销量30000盒，自上线之日起7个月的时间会员人数突破10万人，至2018年12月会员人数成功突破17万。

在社交创业的征途中，企业绝不能站在自己的角度自嗨，即便企业有能力制造大量内容，也一定要大量采集用户的真实反馈内容，这些真实内容是影响相同价值观用户的最强武器。

本章小结

超级内容是超级 IP 寻找合伙人的重要工具；超级内容是合伙人寻找消费者的重要工具。

在内容时代，不出现就等于不存在，在私域流量暴增、微信圈内容泛滥的时代，唯有“高质量＋适合频次”的出现，才有机会链接更多的合伙人和消费者。

如何高质量地出现？如何才能打造出优秀的朋友圈，我在这里自荐个人微信号（baopin007），平均每天 3 则原创内容，带你感受超级内容的魅力。

第四章
超级社群

老徐谈社群

ONE
BIG
SHOT

1

老徐谈社群

超级社群是传播超级 IP、超级内容、超级爆品的主要媒介。
超级社群是超级 IP 筛选发现－成交－培养－运营合伙人的第一战场。
超级社群是合伙人筛选－发现－成交－培养－运营消费者的第一战场。

2

老徐谈社群

在社交创业时代，无论是转型中的企业家、产品型匠人、超级 IP 还是链接器型合伙人，都应该成为社群领袖，因为通过社群获客是最有效最持续的获客方式。

3

老徐谈社群

所有的超级社群，皆“以义聚，以利守”，有义无利不起早，有利无义不长久。

4

老徐谈社群

自我心越重，越不适合干社群，只因社群之魂在利他；越想抄捷径，越不可能干爆品，只因爆品之魂在死磕。

5

老徐谈社群

社群创业无非是“做自己”和“在一起”，“做自己”就是做个有价值的人，无外乎成为“超级 IP”，“在一起”就是链接有价值的人，说到底就是成为“社群领袖”！

社群
聚合对的人一起协作

现在谈到社群，很多人都认为是“微信群”，这是很片面的理解，微信群是线上社群最常见的一种表现形态，这种形态是互联网带来的巨大红利，但是社群不仅仅局限在线上，线下更是社群最重要的表现形态。

常规来说，线下超过2人以上的聚会或活动，都可以泛称为“社群”。

其实，社群不是新概念，自打有人类，就有社群。

部落就是最早期的社群，在部落社群里，大家相互照顾，老弱病残不离不弃，男女分工明确，壮年和青年合理的劳务分工，部落成员为了对抗外敌和抓捕猎物，都需要齐心协作。

早期的社群成员聚合，除了群主、群员、群价值三大要素外，还需要满足时间、空间、交通工具三个属性，而当下移动互联网时代，仅需要时间和动动手指，我们就可以快速建立微信群，无需空间和交通工具即可和成员发起线上社群的沟通，产生无需肉身亲自参与的会议或协作。

线上群的产生才是当下社群经济快速发展的核心，因为无论是线上还是线下，无论是历史还是现在，社群的三大核心要素从来没有变化过——群主、群员、群价值，变化的是线上群无需空间和交通工具，它极大提高了协作效率，也极大降低了沟通成本。

当下，针对所有的社交创业者来说，低成本获客是其生存与发展的核心要素，而社群恰恰是最有效的低成本获客方式之一，因为所有创业者所需要的客户乃至合伙人其实都在别人的朋友圈，只有和“别人”成为价值观相同的群员，并进行深度协作，才有机会让“别人的客户”成为“自己的客户”。

社交创业的核心关键点是找到更多同频合伙人一起发生协作，社群给了我们更多机会寻找到合伙人，所有的社交创业者在这个阶段都必须掌握社群营销的法门，要么组建社群，要么加入社群。

一 社群的关键要素

1. 线上群和线下群的价值

线上群的价值

在微信社群泛滥成灾的今天，线上群依然拥有最大的价值，除了更方便快捷地让群员在群内进行勾兑和发起协作外，线上群对创业者而言，存在着以下三大意义。

其一，引流的价值

线上社群是引流的最佳载体之一，通过个人的私域流量精准引流到社群，或者通过社群成员的拉新引流到线上社群，能够让群员在线上社群中更高效地了解创业项目或课程，产生信任关系。相比较线下而言，线上社群的引流成本极低。

其二，筛流的价值

无效社交是社交创业者的“毒药”，在不同频的人身上浪费太多时间就会大大降低创业者的效能。因此，线上社群还承担着筛选流量的价值，在线上社群里，通过调频、协作更容易找到同频的客户或准合伙人，继而针对这少部分人进行更为有效的线下社交。

其三，导流的价值

线上社群要为线下社群服务，因为在线上社群，群员之间的信任关系很难建立，必须要往线下社群活动进行导流，才能让社交创业者产生最大的收益。线上社群是线下社群活动最佳的导流载体，通过群接龙等方式，在群内发起线下活动通知，将对产品或项目感兴趣的群员导入到线下活动。

案例 29
抖素商学院的“引流、筛流、导流”

抖素商学院是由百草老师徐磊、程志、彭功学联合发起的一个短视频培训商学院，致力于帮助素人打造成抖音网红。

很多人以为抖音网红都是靠钱砸出来的，靠颜值带起来的，白草老师认为：在当下，抖音用户早已不满足于明星和头部网红的内容，越来越多的素人开始在抖音上大放异彩，而且素人由于“不造作、很真实、接地气”等原因，其带货能力更强，在每个月的抖音带货榜上，都有大量素人遥遥领先。

2019年8月起，抖素商学院正式成立，并开启了城市合伙人模式，该模式主要借助城市合伙人的区域资源和招生能力，批量化进行素人网红的培训和打造。在抖音培训市场竞争激烈的情况下，如何才能找到城市合伙人是抖素商学院能够快速发展的首要问题。

百草老师团队咨询老徐，老徐给出了“引流、筛流、导流”三步走策略，具体步骤分解如下。

第一步：9.9元引流“如何玩转抖音群”

由于百草老师拥有丰富的抖音培训经验，团队制作出几张海报和一篇公众号推文，核心诉求就是：资深抖音教练百草老师微信群内公开课，9.9元教你玩转抖音。

这些内容通过公众号和合伙人朋友圈进行分发，1天时间就形成了2个群总计230人的付费群员。在群员数量达到230人后，团队在微信群内释放红利——凡通过海报邀请朋友进群的，9.9元可以自己收取，群内超过20%的人进行了拉新，累计形成了总人数400人的两个线上群。

在两个群内，百草老师就抖音新手在内容定位阶段、持续输出阶段、内容优化阶段、数据转化阶段这四个关键阶段如何操作进行系统讲解，有案例有理论，许多群员感觉非常有价值。

第二步：99元筛流到“抖音如何赚钱群”

在百草老师为时45分钟的线上干货课程结束后，由百草老师的合伙人彭功学进行线上成交，彭老师反复强调，学习抖音是个系统工程，这节课只是普通的引流课，百草老师将会在“抖音如何赚钱群”内讲解高级课程——素人如何系统打造成网红，以及如何在你的城市开启抖音创业模式。

这堂成交课下来，400人的两个群中，总计有近120人报名支付99元进入“抖音如何赚钱群”，成交率在30%左右。

在筛流的过程中，“付费”是最简单直接的筛流方法，不愿意支付99元的，一律被默认为“不是抖素的菜”。老徐在这里提个醒：很多人认为线上群越热闹越好，人越多越好，其实，一切不为价值买单的群员都应该筛除，否则只会耽误群主的甄别时间。

第三步：999元导流到“线下抖音培训群”

在“抖音如何赚钱群”内，百草老师徐磊、商学院院长程志、彭功学分别进行了各自的分享，并请抖素商学院打造成功的三个抖音素人网红“现身说法”，群内氛围几度达到高潮。

在关键节点，培训出身的彭功学再次进行成交，反复强调线上课程的局限性太大，学员和意向合伙人必须来到线下进行两天一夜的密集培训，才有机会真正掌握抖音赚钱的技巧。在课程价格方面，原价1998元的课程，只要今天在线上报名只需半价999元即可，当天晚上，120人的微信群内有50多人支付了999元报名了线下课程。

第一届线下抖音培训课程如期展开，这次线下课程的最后一天下午，在成交环节成功招募了8个城市合伙人和11个素人学员，抖素商学院通过“引流、筛流、导流”的法则，寻找到了第一批城市合伙人和素人学员。

截至本书截稿，抖素商学院在创办的短短半年时间内，成功召开了一次1000人规模的抖音培训大会，成功招募到50多个城市合伙人，成功帮助了40多个素人打造成网红（人均超过30万的粉丝），且超过50%的网红具备了相当强的带货能力。

线下群的价值

虽然线上群解决了信息的传达速度，但是只能产生较少的变现价值，我常说的一句话是“线上勾兑十次不如线下见面一次”，运营线下群的成本更高，但是价值也更大。如果说线上群负责引流、筛流、导流，那么线下群就是产生高认知、高信任、高变现的重要战场。

其一，产生高认知

社交创业是和一帮高认知的同频梦想主义者一起愉快地玩耍顺便做点生意（这里的认知主要是产品知识层面的认知和创业方法层面的认知），而高认知的建立，需要在线下社群里进行面对面分享，以及一对一乃至一对多的充分勾兑。

其二，产生高信任

人和人信任的建立是一个循序渐进的过程，所有创业者理想的合伙人很少是不见面就能发生强链接的，群成员在线下社群见面，相互“确认过眼神”，产生信任的概率会大大增加。

其三，产生高变现

打个不恰当的例子，同一个线上群里未谋面过的成员如果发起众筹或产品销售，你可能只愿支持200元，但是换作线下，这个支持金额会达到2000元甚至更高。在线下社群里，社群领袖或创业者对已经产生高认知、高信任的社群成员，可以产生更高的变现机会，前提是——站在给对方真正价值的角度去考虑。

案例 30
一场 30 人沙龙成功招募 20 个合伙人

一个好项目的宣传可以以线上群为主，但如果想产生强链接，就必须重视线下社群。当然，如果这个好项目由社群领袖带领进行线下协作，项目就会更快速获得响应，集体协作也可以更快速展开。

2019年12月19日上午9:30，由南京匠群会会长陈克栋和百岁森林创始人米哥共同举办了一场30人的线下分享沙龙，本次沙龙的参会成员是由会长陈克栋一对一邀约而来，大多数是南京匠群会发起人和会员，其中半数是餐饮行业的负责人。

沙龙前，陈克栋用20分钟时间讲解了南京匠群会“倡导匠人精神，助力匠人成长”的宗旨，并分享了匠群会正在主推的行业分社——百岁森林项目和匠群会的缘起，以及该项目在多个餐饮渠道受到好评的相关数据，继而推荐出今天的重点分享嘉宾米哥。

米哥的分享时间长达1个小时，米哥从打造破壁机的初心说起，再说到打磨水果谷物料包的匠心，再说到餐饮行业的痛点以及百岁森林能够提供的解决方案，最后通过大量案例和数据，强调餐饮业水吧升级的红利时代已经到来，加入百岁森林合伙人团队中共同创富是一次非常好的机会。在米哥的分享过程中，工作人员将一杯杯水果和五谷破壁饮品端给大家试饮，大家在聆听好项目好商机的同时，可以品鉴未来餐饮渠道推出的破壁饮品是什么口感。

米哥分享结束后，陈克栋接着颁布了关于南京百岁森林城市合伙人项目20个合伙人名额的制度，并制定了加入和退出机制。

一、加入机制：合伙人本身必须是餐饮企业或拥有大量餐饮企业资源，合伙人需要投资1万元，成为南京百岁森林的合伙人，持股1%，享受总项目收益1%分红，并享受其直拓的餐饮渠道0.7元/料包的持续分红。

二、退出机制：合伙人能力不胜任，或每个季度直拓店铺达不到2家的，则自动退出城市合伙人，缴纳的1万元股金无息退还，但是会持续保留其直拓餐饮渠道的收益权。

规则颁布后，陈克栋和米哥就大家的疑虑一一做了解答。最后就是现场刷卡签约环节，在午餐前有18个合伙人加入，午餐结束后，又有两位毅然加入。一场沙龙会，只有短短几个小时，就建立一个强链接的南京百岁森林城市合伙人社群，招募了20个合伙人，并收取了20万元股金。

老徐分析这场线下沙龙的成功之处，除了线下社群能够带来的“高认知、高信任、高变现”外，社群领袖本人的号召力、优秀的项目本身、精彩的项目分享以及完善的加入和退出机制，这些都是本次沙龙取得成功的重要因素。

2. 社群对社交创业者的三大意义

社群是最好的信息宣传场合

信息泛滥的时代，消费者获取信息的途径越来越多，大多数消费者对“强迫式”广告非常反感，而社群的本质是一个建立了信任关系的圈子，圈子内的信息具备一定的信任基础，因此，社群内有质量、有价值的信息很快就会获得社群成员的反馈甚至参与。

社群是找到同频合伙人最好的载体

社交创业时代最大的特征是每一个项目都需要找到同频合伙人来进行项目协作，寻找合伙人的传统方式无外乎通过展会、广告等进行招商，效率低下且获客成本居高不下。而当下，高频次的社群活动让许多社群参与者寻找到了同频合伙人。本质上来说，社群扩展了参与者的社交半径，同时由于社群本身建立了“信任背书”，群员之间达成合作的沟通成本大大降低。

社群是找到消费客户最好的载体

所有的产品和服务，在当下都存在着极不合理的获取C端用户的成本，尤其是创业者手里还握着一个消费升级型产品和服务，这在传统渠道和电商渠道几乎很难找到突破口。社群最大的好处是聚集频率相同的人，愉快地玩要顺便做点生意，所有参与者在愉快玩耍中，接受到了产品或服务的信息，基于对社群本身的认可，结合对产品的需求，基于对创业者的支持，从而产生了购买。

案例 31
各店在社群里找到了合伙人

李煜，各店创始人兼CEO，福建龙岩人，拥有19年互联网技术经验，连续创业者，早期创办的突唯阿有七万多企业用户，一百多位明星客户曾使用该软件。

2019年底，李煜团队打造的各店小程序正式上线，并制定了宏大的愿景：帮助一千万人实现年收入20万元。各店是企业和个人都可以开设的小程序网店，其价值是：各店商户拥有自己的店铺，可以用h5或者小程序的方式在微信平台卖货，并提供分销系统，帮助商户管理B端合伙人。

在某赞、某客、某盟等竞争激烈的商城型工具市场，各店的核心优势在于低成本、高效率、好体验，李煜团队为了快速获得用户，将各店的使用费降低到998元，且用户可以终身使用，无需支付年费。

2019年11月底，各店在上海启动了社群合作方案，在上海的各大线下社群里推广各店，并进行主题分享，其中，对上人脉银行3场、匠群会2场、隐商会2场、德申会1场，累积8场社群分享，通过一个半月的时间，借助成熟社群的力量，李煜团队成功招募到64个天使合伙人、35个城市合伙人并签约商户921个。

老徐分析认为：李煜的各店之所以短时间在上海取得如此成功，除了各店的产品过硬加上其商业模式考虑到多方共赢之外，更为重要的是依靠社群领袖的信任背书，借助成熟社群的流量，才能够获取大量合伙人和C端客户。

3. 群价值、群主、群成员

群价值，社群的核心第一要素

在一切以价值为依归的前提下，群价值是一个群能够启动、聚人并持续运营的根本。一个群的价值不仅仅是为了给群主提供广告的机会，社群领袖应该站在能够给群员带来什么价值的角度考虑群价值。

如果你的目的是销售面膜，那么你组建的社群价值绝不单单是销售面膜，可以站在用户的角度组建社群，比如组建“美容知识分享群”，请来懂行的小姐妹分享保养护肤等美容知识，顺便带出自己的面膜；如果你想把奶粉卖给宝妈，你的群价值也不是奶粉销售群，可以换成“宝妈育儿经验交流群”。

匠群会的群价值是倡导匠人精神、助力匠人成长，所以就能聚合认可群价值的匠人和匠人支持者入群。

礼享会的群价值是聚合礼品行业从业者、共建共享客户资源，所以建立短短2年时间就有3000多个礼品销售公司入驻。

樊登读书会也是社群，其社群价值是为所有社群成员（会员）提供由樊登亲自挑选的图书，用科学的方式快速领悟图书的价值精髓。

一个没有群价值的线上社群很快就会沦为广告群或死群，一个没有群价值的线下社群组织，很快就会面临解散，在一切以价值为依归的时代，群价值是群员聚合的核心要素。

群价值设定法则是一切以满足群员获取价值为宗旨。

案例 32
隐商会，专注于为群员卖货的社群

在上海，有个很落地的社群组织，叫隐商会，创始人一尘老师在创建隐商会之前，是知名策划人，非常擅长组织会议进行销售，隐商会社群价值是：让每个成员在社群里销售产品并获取价值。

为了实现这个群价值，隐商会举办了高频次线下活动，刮风下雨雷打不动，确保每周二和周五两场活动，每场活动都有80人左右参加。

所有付费成为隐商会会员的社群成员，都有权在隐商会的线下活动中进行3次30分钟以上的路演，不低于15次的3分钟自我介绍。

隐商会的线下活动中，发起人一尘老师在社群中提倡大家互助合作，今天你帮我，明天我帮你，在他的社群里，从不为别人付出的群员几乎很难待下去。

在群价值的引导下，隐商会社群超强的动销能力体现出来，常规一场活动就会产生30万～50万元的群员之间交易额，短短1年时间，隐商会的线下活动就做了110多场，在社群里产生的交易额超4000万元，隐商会付费4999元的社群成员也超过了1000人。

群主，组建和运营社群的灵魂人物

群主是网络用语，是指负责组建并运营社群的负责人，同时掌握线上社群生杀大权的管理员，当下自组织的线上社群多如牛毛，开个会建个群，聚个餐建个群，有事没事建个群，发起和组织活动在组建线上群的时候，对群起管控的便是群主。

线下，召集成员参加沙龙会、见面会、品酒会，甚至发起聚餐、旅游等活动，其发起人本质上也是群主，群主除了前期起到聚合人的作用以外，还要对整个活动流程进行把控，对活动结果负责。

如果说群价值是一面旗帜，那么，群主就是扛起这面旗帜的第一人。

群主要负责群的组建、管理、维护、运营，以群价值聚拢群员，带领社群达人持续不断进行群的调频，并合理发起群协作；使用方法激励群员持续不断拉新，发现并着力培养新的社群领袖。

社交的潘多拉盒子已经被打开，组建社群和参与社群变得越来越快，在几乎人人可以成为群主的今天，做好一个群主其实并不容易，要时刻站在群员的角度，以为广大群员谋福利为宗旨，社群才会越走越远。

案例 33 马倩倩的公益性社群运营

马倩倩，一个85后社群领袖，优秀的微商团队长。2014年，她作为某微商项目的全国战略合伙人，带领团队创下平均月销220万元的业绩，这是当时公司全国业绩的60%以上。公司的创业历程让她亲历了社交创业的整个过程，也让她发现到了打造超级IP，并成为社群领袖的重要性。

2018年，马倩倩看到巴克集团的产品和治疗方法在皮肤病调理、疤痕去除、各类皮肤健康问题等方面卓有成效，决定正式加入巴克集团，并开始着手组建线上公益性社群，向社群内所有的朋友呼吁：凡是大家身边有家庭困难的皮肤病患者，均可享受马倩倩免费提供的巴克集团产品。

社群成员尝试着对接一些烫伤和疤痕类的贫困人群给马倩倩，马倩倩第一时间和患者取得联系，并帮助患者康复。看到马倩倩的行为后，越来越多的社群成员加入到这项助人事业当中来，马倩倩用她的爱心获得了大量社群成员的拉新。

经过长达1年的培育，马倩倩在社群里沉淀了大量的人脉资源，2019年10月，马倩倩开始筹备线下社群活动，于合肥举办“巴克集团医学交流技术培训峰会”。马倩倩通过社群接龙、一对一邀约以及社群成员拉新三种方式结合，全国各地前来学习的医生、养生馆老板达到630人，两天时间就创造了500多万元的回款业绩。

在做好群主这件事上，马倩倩坦称她并没有太多的技巧，只是自己一直秉承着“助人就是助己”的付出理念，用诚信来经营每一段关系，每一个事业，每一个社群。

社群，因群成员而有意义

群成员（群员）是指在群主的邀请下，参与线上或线下社群协作的成员，古语云“水可载舟亦能覆舟”，舟是群主，载舟的水则是群员。从商业价值来说，一个优秀的社群是群员在助推社群的成长，社群成员之间的相互勾兑占据绝大部分份额，而群主则充当调频、平衡、管控的作用。

除去那些“建群为了打广告”的社群之外，群员之所以进群，往往有三种情况：其一，因为群价值而吸引；其二，因群主的邀请；其三，社群其他成员邀请入群。无论是哪一种情况入群，大多数新成员入群的时候会选择观望一段时间，继而根据自身特点考虑是否参与社群协作。

如果一个社群不能调动群员高频参与社群活动或发起社群协作，该社群就会逐渐“不活跃”，继而进入衰退状态。

另外，需要强调的是，现在多数线上社群中，群主对群员会按照如下方式进行划分。多数情况下，一个强链接的群员，其活跃度更高，贡献度也会更高。

按照链接强弱度	按照活跃程度	按照贡献度
强链接群员	活跃群员	高贡献度群员
中链接群员	冒泡群员	中贡献度群员
弱链接群员	潜水群员	低贡献度群员

案例 34
肖良俊：做一个有温度的群员

其实很多群员不擅长内容营销，也不擅长组建和运营社群，但是他们非常有温度地对待每个社群成员，成为很多社群成员中的“老好人”，这类“老好人”看似在社群里吃了亏，其实，最终获得的是大家对他人品的认可。

索飞航空俱乐部的联合创始人肖良俊就是我们常说的社群“老好人”，用他的话说，我对社群付出多一点，当我有需求的时候，社群也会对我付出。

举个例子：每当线上群来了一个新成员，肖良俊都会发红包欢迎新成员，并且主动询问新成员是做什么的，对于很多线上群来说，群主一般会明令禁止打广告，但是社群又非常欢迎群员之间的勾兑，在这种情况下，新群员一般在肖良俊的追问下，从公司到产品，在群内一一道来，如此这样，新成员既“名正言顺”地做了广告，又不触犯群规。

更难得的是：线上群里看到很多人发起众筹、预售或者拼团之类，只要价格在可接受的范畴，肖良俊都会率先支持，并且将支付截图发在群内，收到货以后肖良俊还晒图在群内分享，让发起众筹或预售的群员感觉十分温暖。

在线下社群，肖良俊也是抢着买单的那种社群成员，凡是线下课程费用或项目投资费用在2万元之内的，同时是肖良俊认可的项目，总是第一个举手响应。因此在上海各大社群，肖良俊虽然只是社群成员，但是口碑很好，许多社群领袖都对他开放资源，为他的索飞航空俱乐部推荐适合的会员。

肖良俊虽然不是社群领袖，但是作为社群活跃成员，同样在社群里获得了很多流量，而且和许多社群成员建立了很好的信任关系。

其实每个社群都需要一批肖良俊这样的“老好人”群员，在群主或群员发起活动的时候支持，在当下线上社群冰冷、疲软、杂乱的时候，依旧保持一颗火热的心，这样的社群成员无论在哪个社群，都是社群的红人。

4. 社群的“三度”“三勾”“三收”

在社群大量实操过程中，我总结了社群的“三度”“三勾”“三收”，用“三度”来指导群主和群员的行为规范，用“三勾”来指导群主和群员的运作方法，用“三收”来指导社群领袖的行动目标。

“三度”

① 态度：做一个有态度的社群领袖和社群成员，有所为有所不为，绝不会天天在群里刷屏卖东西，虽然线上群看不到你的人，你所有行为在群里一目了然。

② 温度：做一个有温度的社群领袖和社群成员，线上群冰冷是常态，那些愿意用实际行动支持社群成员的人，那些积极参与协作的人都是有温度的成员。

③ 气度：做一个有气度的社群领袖和社群成员，形形色色的人社群里都有，不要和其他群员发生争执，只有常怀一颗包容的心，才能让社群更壮大。

“三勾”

① 勾引：无勾引不成局，无论是线上群还是线下活动，群主和合伙人要学会勾引其他人入群，勾引的目的不是去骗钱，而是去给他提供价值。

② 勾搭：无勾搭不朋友，无论是线上群还是线下活动，社群成员之间要相互勾搭起来，半熟社交之所以产生，全依赖“勾搭”这两个字。

③ 勾兑：无勾兑不合伙，每一次勾兑是价值和价值的勾兑，勾兑的结果是：我的变成你的，你的变成我的，我的还是我的，你的还是你的。

“三收”

① 收钱：对所有的社群领袖而言，不交钱就想玩深度社群成员的一律拒绝，原因有二，其一，不交钱的人不上心，爱来不来，爱参与不参与，很难产生价值；其二，作为社群领袖，经营一个社群是需要成本的，如果没有费用支持，社群领袖在后期将无法提供有价值的服务。

② 收人：对所有的社群领袖而言，要发起多次协作，仅仅依靠自己的能力是有限的，必须发现具有价值的合伙人，用价值和思想去感染他，最终才能让“别人”成为“自己人”。

③ 收心：交钱给你的人是基于对项目或对你的认可，但是许多社群领袖以收钱为目的而薅羊毛，导致为群员提供价值不大。真正的社群领袖还要扮演“知己”甚至“爱人”角色，为群员解决问题、链接资源，日久见人心，当大家认可你的品德，自然将“心”交给你。

二 社群的组建
"三同"者入群

社群的组建是要社群领袖来“聚合对的人”，这是很多社群可持续的根本，当下很多线上社群良莠不齐，鸡鸭同笼就会产生鸡同鸭讲的尴尬，因此，社群领袖一定要聚合同频、同好、同集的人。

1. 同频

同频即同频率，是指三观相同，三观相同的人在一起相处非常愉快，任何话题都会有共同语言。一个成天研究如何能够一夜暴富的投机主义者跟一个具有匠心精神的死磕主义者是完全不同频的；一个大学生社群里进来一个大妈，大妈的频率和大学生是完全两样的。不同频的人在一起，就会出现群主“调频”困难的现象，或者出现群员觉得彼此之间勾兑存在障碍，这样不同频的线上社群只有一次价值，就是群主打广告的价值。

案例 35 匠群会，一个让匠人极度同频的社群

老徐发现：在中国有一批匠人，他们搞定了自己的小宇宙——知道自己来到这个世界就是为这个世界的美好做一份贡献，并拥有一套自己对产品对人生对创业等方面与众不同的观点或方法论，且打磨出了一款或多款凝聚自己多年经验沉淀的产品（或服务），这样的人在老徐的眼里是“匠人”，老徐对这个时代的匠人充满了敬仰，于是和几个志同道合的朋友组建了一个助匠型社群组织——匠群会。

匠群会是国内首个聚拢“匠人、匠企联创、匠品运营者以及匠人拥趸者”的多中心化社群组织，以“倡导匠人精神、助力匠人成长”为使命，以“坚持做自己喜欢的事，坚持做超越自己的事，坚持做有益他人的事”为群员行动纲领。社群核心价值是“帮匠人做好生意，让生意人找回匠心”。

匠群会以“超级IP+超级内容+超级社群+超级爆品”为社群方法论。以系统的课程体系助力匠人进行思维认知升级，并以专业的咨询服务和社群服务助推匠人成为社群领袖，再以高频次的社群协作，帮助匠人找到同频合伙人。

在高举“助匠”的旗帜下，多中心化的匠群会经过1年的社群运营，已经形成上海、南京、苏州、杭州、温州等10个区域社群，形成百岁森林、菘味道、浊酒社、曲奇社等6个行业社群，形成抖音社、徒步社等4个兴趣社群。联合发起人累计560多人，总社群成员数量3200多人。

匠群会计划在未来三年时间，建立100个区域分社、100个行业分社

和100个兴趣分社，社群领袖（联合发起人）1万人以上，社群群员数（会员）50万人以上，影响5000万以上创业者。

匠群会是典型的同频型社群组织，匠人们聚集在一起商谈的都是死磕产品的初心以及打磨产品的方法，而匠人拥趸者又非常认可匠人们的价值观，因此社群成员在一起勾兑就能产生很多合作的机会。

2. 同好

同好是指兴趣相同，每个人都有自己爱好的领域，在爱好的领域里同样存在许多个跟你一样的个体，爱好越野的可以组建共同的社群组织；喜欢旅游的、钓鱼的、下象棋的都可以组建社群，因爱好聚集在一起，大家会有共同的话题。

同好群目前非常广泛地存在于线上和线下，因兴趣相同而产生人与人自然的亲近，导致社群成员之间信任破冰的速度非常快，产生大概率的协作机会。

案例 36
雷殿生的
世界生态徒步联盟

有这么一个用脚步丈量中国土地的人，他用十年时间（1989—1998年）准备，用十年时间（1998—2008年）徒步中国，被誉为“当代徐霞客”。10年里他穿烂了52双鞋，走掉了19个脚指甲，磨出200多个水泡和血泡，经历了雪崩、泥石流、野兽袭击等40多次生死浮沉；

10年里他走了81000公里，成为徒步穿越罗布泊第一人，是世界上连续徒步距离最远的人。他叫雷殿生，他写下的《十年徒步中国》，深深激励着追梦人。

2017年底，在一次雷殿生老师的专题演讲现场，一个叫刘文斌的徒步爱好者被雷殿生的事迹深深打动了，经过几番拜访和交流，用诚意打动了雷老师，在2018年初和雷殿生老师成立了“世界生态徒步联盟”，该联盟组织主要的工作内容是向所有敢于挑战自我的企业家和创业者发出邀请——和雷殿生老师一起去徒步。

徒步的地址选择在敦煌戈壁滩，是玄奘取经之路的一部分，全程108公里，会经过沟渠、盐碱地、清泉、沙尘暴、雅丹地貌、断壁残崖、峡谷。2019年全年，该联盟就组织了1000多人前往戈壁徒步。

每一程都是挑战，每一步都是艰辛，这和创业所遇到的困苦何其相似，许多人会走到崩溃的边缘，最终坚持走完终点的，不是那些身体强壮的猛士，而是信念强大的勇士。

通过在戈壁五天四夜的密切相处和患难与共，这群同样热爱徒步、热爱挑战的队友们建立深厚的友情。在社群的深度链接层面，“共患难”比“共分享”更能产生社群凝聚力。2019年，包括隐商会、抖素商学院、匠群会在内的多个社群，都和世界生态徒步联盟产生了合作。

徒步型社群是同好者的社群之一，对于那些热爱挑战、热爱徒步的人来说，徒步是一次“用生命撞醒生命，用徒步践行信仰”的旅程，再苦再累都值得。

3. 同集

同集，是指有相同交集的人，大家可能频率不同，也可能爱好不同，但是大家有共同的集，且大家对该“集”的认可是自然而然无需教育的。比如我曾经组建过的“射手座群”“张总群”“台州创业者群”等，这些都是同集群。同集者聚在一起，大家往往就“集”产生话题，继而产生不同的协作。

案例 37
赵总群里的
赵氏宗亲酒

2016年，老徐花费三天时间建立了18个姓氏老总的线上群，包括张总、王总、李总、刘总、赵总等，这些群初建时很有趣，每个群都100来人，每个群里大家都有共同的集——都是同姓的老总，而唯独群主是外姓人，早上我在张总群里问候一声：张总好，几十个群友回复：徐总好，煞是壮观。

我的本意是组建这个社群，让本家老总认识本家老总，没想到怎么变现，谁知在赵总群发生了一件事情，让我发现同集群不仅可以变现，而且可以实现批量定制化的商业模型。

赵总群进群的第89个赵总全名赵东，他的公司是在贵州茅台镇给企业定制酱香型白酒的，3年前，他为自己家族里的一个亲戚生产了5000瓶定制酒，包装盒和酒瓶上全订制了“赵氏宗亲酒”字样，谁料这个亲戚拿了

1000瓶后，剩下的4000瓶都没要，赵东手里一下子压了4000瓶“赵氏宗亲酒”，这酒一旦个性化定制后就很难推向市场，打个比喻，老徐请客的时候喝赵氏宗亲酒算哪门子事。

赵总进了群后，立刻给我留言，而且明显感受到他的兴奋，他说老徐你帮大忙了，我这酒感觉就是为这些赵老板们量身定制的，你让我做个广告，我把这手上4000瓶“赵氏宗亲酒”卖出去。

我说别急，你这么在群里打广告，一点权威都没有，接下来我们俩简单设计了群变现的三个步骤。第一步，群主老徐品鉴，并发表品酒感言；第二步，赵东免费送一瓶，并讲解此酒品质如何；第三步，邀请收到礼品酒的人讲讲酒品，并给大家惊喜价。

2个月不到，4000瓶赵氏宗亲酒在群内消化一空，这里借用北京的赵老板一段话来评价——我买了20多箱，这里面有三大原因：第一，喝自家定制的酒有面子，这是为我赵老板私人订制的；第二，帮助了我们赵东兄弟，社群里毕竟还是要讲感情的；第三，这酒口感不错还有性价比，喝起来三五百的酒，咱们拿货只要100来块一瓶。

同集群是非常常见的社群，同学群、同事群、同姓群、同乡群、星座群、属相群等都是同集群，运营好同集群，也存在很大的商业变现机会。

小贴士：从个人介绍中发现他的群归属

社群领袖对一个人越了解，就越能为之匹配相应的社群，举例说明：以下为一个社群成员的自我介绍，我从他的介绍当中，就能够为他匹配相关联的社群。

刘先磊，1986年7月出生，安徽合肥人，安徽建筑大学市场营销专业毕业。从事互联网营销11年；有5年数码小家电行业营销经验，6年家用按摩仪行业研发、生产、营销经验。爱好看电影、旅游、越野，非常认可工匠精神，目前创立品牌金禧康，研发并生产出一系列家用按摩仪产品，立志做“用起来更舒服的按摩仪”。

按照同频群原则，刘先磊可以进入的社群是：匠群会、数码小家电行业社群、电子商务创业群等。

按照同好群原则，刘先磊可以进入的社群是：电影爱好者群、旅游爱好者群、越野爱好者群等。

按照同集群原则，刘先磊可以进入的社群是：刘氏宗亲群、80后创业群、巨蟹座群、安徽商会群、安徽建筑大学校友群、家用按摩仪创业群等。

三 社群的运营 拉新、调频、协作、裂变

任何一个社群想要变现的时候，仅仅“聚合了对的人”还远远不够，社群的运营是一个持续拉新、调频、协作、裂变的系统工作。

我认为：没有拉新，社群就缺乏新鲜血液；没有调频，社群就缺乏指导思想；没有协作，社群就是乌合之众；没有裂变，社群就会逐渐走向衰亡。

1. 拉新，社群永恒命题

靠社群领袖一个人的能力筹备线上社群，他可以建立一个群两个群，但要是建立十个群甚至上百个群几乎不太可能；同样的，靠社群领袖一个人的能力筹备线下社群活动，他或许可以邀约10人甚至20人参会，但是很难邀请100人参会；如果没有一套完整的社群拉新机制，社群的组建就会停滞不前。

拉新是社群经济的一个术语，其意思为“邀约新成员”。社群的第一波拉新往往是由群主和社群达人（或合伙人）协同完成，而后面的拉新，几乎要完全依赖社群达人（或合伙人）完成。如果这个群价值不明晰，或者群主和群核心成员之间信任关系没有建立，则拉新就会很慢。因此，启动群员拉新之前，要让每个核心群员获知拉新所带来的价值，并给群员相应的工具，以及告知群员需要拉新的人是哪些人。

常规来讲，一个200人的线上社群，至少要发动40人拉新，人均拉新5人，才有机会组建第二个200人社群。因此，群主要特别对待那些积极协助你拉新的成员，这些成员对群以及群主的认可度是极高的，我们更应该让这些社群里的腰部力量得到更多的资源，享受到更好的群待遇。

案例38
半年让700多个王强进群

2017年，台州“爆品思维总裁班”的现场，老徐认识了一个叫王强的学员，他是台州一家生产保温杯的合伙人，专门为企业定制保温杯，会议结束后，王强单独和我聊了一会，他对我会议中提到的同集群很感兴趣，希望也能组建一个王总群。

我当时突发奇想，王姓本来就是大姓，王强是70后和80后最常见的名字之一，这个名字在中国大约20万人，为什么不组建一个“王强群”，当我提出这个想法后，王强表示非常有兴趣，而且他就认识7个同姓同名的王强，当天我把我认识的3个叫王强的朋友拉到群里，加上他邀请的几个王强，总计11个王强在群里了。

在群里，王强按照我的规划，在群内进行群价值和群玩法的宣导，并强调同姓同名的缘分，期望大家把自己认识的王强也请到群里来，几乎每一个叫王强的都认识好几个王强，王强群就这么从11个人不断增加，每当新进一个王强，都是新成员自我介绍的时候，更奇妙的事情发生了，当群员达到200人的时候，竟然发现好几个人是同年同月出生。

短短不到半年时间，王强群就建立了两个微信群，群员总数超过700人，这些成员全是王强本人自发拉新，每当新成员进群，就是群最活跃的时候，攀老乡的，攀同年的，攀生日的比比皆是，而且大家还在杭州举办了线下王强见面会。

后来在我的建议下，台州王强为王强群的成员定制了一款高性价比的保温杯，王强两个字烫金在保温杯上，超过80%群员都订购了。

案例 39
20 个拉新成员，成功举办一场 120 人社群会议

2019年6月初，为了筹备合肥匠群会6月中旬的第一次社群见面会，老徐和合肥匠群会近20个发起人举办了一次启动大会前沙龙。

沙龙会上，老徐就合肥匠群会社群见面会的启动步骤做了详细分解，并就拉新任务做了分解。为了鼓励联合发起人积极进行线下社群活动的拉新，老徐公布了拉新任务和相应的权益：

1. 拉新超过5人，即赠送社群大会现场展位一个；

2. 拉新超过10人，即可获得大会当天路演10分钟机会；

3. 拉新超过15人，除了获得以上两项权益，还可获得老徐面对面咨询两小时。

政策公布出来后，合肥匠群会发起人均表示全力以赴进行本次大会的人员邀约，紧接着，老徐从电脑里调出本次大会拉新的海报、推文，以及一对一邀约的文字信息。

推文：《合肥创业者必看：我们为什么要做社群？》

这篇文章站在当下传统商业业态难做，社交创业红利时代到来等角度，阐述了社群创业对合肥创业者的帮助，并最终引导阅读者参加6月中旬的合肥匠群会社群见面会。

一对一邀约文字如下：

现在不做社群，

获客成本难降！

未来不做社群，

你将无商可务！

我是合肥匠群会联合发起人之一，本周六，我们特地邀请匠群会创会人、《爆品思维》畅销书作者徐老师来合肥进行社群开悟和爆品打造的分享，徐老师在社群创业和爆品打造领域深耕多年，精通社交创业的道法术器，只讲干货，只给真招，助力中国匠人和创业者成长。课程原价1980元，因为我是发起人，通过我报名仅需场地费和午餐费198元。有意报名请联系徐老师本人微信：13916034001，徐老师会安排人员给你留席！

经过合肥匠群会联合发起人一周时间的邀约拉新，参会当天超过120人来到会场，合肥匠群会第一届启动大会在发起人的成功拉新下圆满结束。

老徐强调：所有线下社群的拉新，都需要对社群的关联人员提供拉新的激励，并提供有效的拉新内容，让社群成员在激励的促使下，在内容的支持下，完成线下社群活动的拉新。

2. 调频，让群员统一认知

何谓调频？向社群成员输出有价值的思想和认知即为调频。

一个群建立完成后，调频就成了运营群重要的一个步骤，虽然我们已经确保进群的人是同频、同好、同集的群员，但只有持续不断地调频，才能破冰，才能统一群员的认知，在一次次的调频中，让群员达成共识。

调频的方式是通过社群领袖包括社群领袖请来的老师以及本群内的达人，在群价值为方向的前提下，进行图文影音的内容或干货分享，这种分享不是分享一次就可以完成的，要不定期地在群内调频，甚至抛出话题引导群员参与，最终由群主、群达人把话题回归到“群价值”，这样的调频才有价值。

在调频过程中，社群领袖会遇到各种突发事件，比如群员提出疑议，甚至拿出百度搜索或者其他公信力媒体的举证，因此需要社群领袖在针对突发情况时有预判能力，要做到绝对胸有成竹则无畏任何质疑。

案例 40 张国英的群课程设计

在苏州匠群会，有一个专注于打磨围巾产品的女匠人张国英，她是会然围巾的创始人、中国第一家色彩博物馆的创始人，2015纽约时装周创新奖获得者；她倡导新东方美学并专注于植物染色工艺，把健康和时尚的会然围巾带给更多人。

20年里她坚持只做围巾，从外贸出口到转战内销，从给大牌代工到打造自主品牌，这几年一直在转型的路上，尤其在做自主品牌连锁门店的过程中遭遇巨大的挑战。在老徐的建议下，张国英涉足社交创业领域，制订了1万个目标粉丝计划，筹备组建了“匠群会围巾社”，通过组建社群和粉丝产生互动和黏性。

张国英正式从一个产品型匠人转变为知识型匠人，她组建的“围巾社”就是一个致力于传播中国女性搭配之美的线上社群。

线上社群的调频，不仅仅是为了广告，更为重要的是通过线上社群的调频，不断向社群传递匠人的方法论，并寻找同频的用户乃至合伙人。在老徐的建议下，每周二，张国英自己和她邀请的嘉宾，在围巾社线上社群分享“女性搭配美学”系列课程。课程内容包含《围巾文化》《西方美学》《色彩与穿着》《女性气质养成》《围巾的n种系法》《围巾的搭配技巧》《服饰配饰与健康的关系》等。

张国英老师的微信群课程采取的是“语音 + 文字 + 图片”相结合方式，越来越多的群员在听到张国英老师的分享后邀请爱美的女性加入，渐渐的，在群里的成员都形成了每周二向张国英老师学搭配美学的习惯，每次调频的最后一段，都有张国英对自主品牌围巾的广告软植入。越来越多的成员在听完张国英的分享后成为张老师的粉丝。

社群调频的思考和方向：

思考部分	方向部分
我讲什么是我擅长的	以发挥自身特长为导向
我讲什么群员爱听	以群员获取价值为导向
我如何才能可持续地讲	以系统性课件为支持
我如何才能引导群员行动	以系统性变现理论支持

案例 41 箐青竹盐线下考察与品鉴会

从2017年1月1日开始，国家允许现有食盐定点生产企业进入流通销售领域，食盐批发企业可开展跨区域经营，竹盐哥小强正是把握了这波机会的一位创业者，他和湖北中盐长江联合打造了箐青竹盐品牌，以定价9.9元/袋（250g）的食用竹盐为引流爆品，以排毒装的九烤竹盐为利润产品，以社交新零售模式启动市场。

在市场启动期间，竹盐哥小强深知：所有合伙人加入竹盐的创业团队，产品好是基础，让大家能系统学习竹盐知识、营销技巧，并能感受到企业实力，对产品动销有莫大的帮助。

为此，竹盐哥小强线上和线下社群调频两手抓，在线上成立空中课堂，组织专家老师在群内授课，持续不断宣传竹盐新消费理念；在线下，将考察、旅游、培训融合为一体，借力母公司——湖北中盐长江总部的实力背景，设立了线下商学院，并进行每月2~3次深度的线下调频。

在线下商学院，每期100人左右的社群成员在一起学习和勾兑，接受来自总部统一规范的产品讲解和营销技巧讲解，取得很好的成果。从2019年8月到11月，短短三个月时间，规范的线上社群运营，外加高频次的线下调频，箐青竹盐成功招募了200多个合伙人，并产生了500多万元的产品动销。

在多年的一线实操中，我发现一个重要的现象：调频工作是任何一个社交新零售创业团队必须要认真对待的工作，在无序杂乱混沌的信息市场，只有成立自己的商学院，组建自己的讲师团队，搭建自己的课程体系，才能起到实现真正意义上的调频。在当下，只有通过调频来“改变”社群成员的认知，才能真正意义上激活社群成员的行动。

3. 协作，才能让群员获益

何谓协作，社群成员中两个以上发生协同作业，即可称为协作。在远古部落时期，部落成员通过合理分工协同捕猎，就是最早期的协作典型。

任何一个社群想要持续发展的时候，仅仅“聚合了对的人 + 讲了对的话”还远远不够，社群运营是一个持续发生协作的系统工作。协作既可以由群主发起，也可以由全员发起，每一次协作需要从协作主题、协作价值、协作人员三个层面进行规划，最终产生的价值是非常大的。

在这个只要你起心动念不纯粹，就会被放在阳光下的时代，任何纯粹只想从群员身上变现，而不考虑为群员带来价值的社群领袖，最终都会被社群淘汰。因此，对于每一个社群领袖而言，先付出后索取是成为真正社群领袖最重要的一门功课。

而由群主发起，让群主和群员，最好让群员之间产生高频协作，才是一个社群领袖需要重点思考的事情。协作的目的不仅仅是建立成员情感，加深社群归属，更为关键的是能够真正地带给群员价值。

社群协作区别于传统的企业管理式协作，因为企业管理是线性组织，是由最高指挥者下达指令后必须完成的协作，而社群协作大多基于群员的时间安排、参与兴趣、交通距离等决定。

用通俗的话说，商业型社群的协作主要就两件事："有事怎么干"和"没事怎么玩"。

有事怎么干

召集社群成员一起干事，要有一个明确的步骤，常规来讲，在社群里启动一个项目或产生一次协作，其步骤大体如下：

核心成员议事—确定参与社群人员—制定目标—制定分配方案—制定策略—确定预算—分工协作—执行任务—监督与修正—盘点与分配

社群里哪些事值得干？

① 针对群员项目群内发起预售、众筹、招商等协作。

② 针对群员当下遇到的问题发起资源征集、创意征集、资源互换等协作。

③ 针对群员学习和沟通需求组织线下课程、见面会或沙龙。

④ 针对群员成长需求组建考察、走访、体验、课程提升等活动。

⑤ 针对性地为群员之间背后的资源进行匹配。

没事怎么玩

召集成员参与一些非商业性或弱化商业性的活动，往往能对社群的凝聚力起到很强的作用，没事怎么玩就是要玩出名堂，玩出情感。常规来讲，玩耍的主题往往由社群领袖提议，或者采取征集的方式让群员提供玩耍创意，在社群里启动一次"玩耍"活动，其步骤大体如下：

征集群员想法—确定玩法—完善玩耍方式—确定时间地点—AA 制度收取费用—分工协作—愉快地玩耍、自由地勾兑

哪些玩法在社群里常见?

①聚餐——勾兑最有效也是最常见的玩耍方式。

②喝茶——相互了解彼此最有效的方式。

③旅游——最加深情感，最见证团队意识的玩耍方式。

④打牌——凝聚小部分成员之间的玩耍方式。

⑤学艺——琴棋书画诗酒花茶，最文雅的社群玩耍方式。

案例 42
社群协作，让 2 号人事部打造出了超级爆品

点米科技是立足深圳服务全国的新三板首批“互联网 + 人力资源”企业，企业联合创始人兼CEO焦学宁有多年企业管理的经验，并在社群协作方面有着独到的观点。点米科技除了传统人力资源服务产品外，还推出了一款针对HR的超级爆品——人力资源SaaS软件“2号人事部”，这款软件能够为企业解决员工管理、招聘管理、薪酬社保、考勤打卡、审批、用工风险管控、人事盘点等工作难点。

2号人事部在推出产品之前，点米科技已经做了很多年的人力资源社群，通过微信群、QQ群与精准用户保持联系，可以触达和影响的HR用户超过500万。在2号人事部上线前后，这个社群提供了巨大的推动力。

在2号人事部产品立项之初，点米科技就在社群发起“你最期望HR工具解决你哪些问题”的调查，调查发现HR最大的痛点并不是交社保或者算工资，而是在对员工的管理上，这个环节存在大量琐碎繁杂的细微工作，不出成绩又要耗费大量精力，这才是HR真正的痛点。

结合社群调查出的结论，点米科技CEO焦学宁将2号人事部定位为：HR效率软件，着力于用SaaS技术减少HR重复琐碎性质的工作内容，并围绕这个定位，推出了一系列功能：独创“人事日历”功能，自动生成工作日程，直观展示，每日自动提醒，该功能深受HR欢迎，并获得国家专利；“报告老板”功能帮HR免去做统计图表的工作，直接将漂亮的人事数据报表发送给老板；“自助入职”功能让HR不用在新员工报到时办一堆手续，而是让新员工提前在线自己办理；打通了微信的“审批小程序”让HR可以不用再拿着一堆审批单到处找人签字，而是把审批的全部流程放到微信上，让员工自助操作……

在内测阶段，2号人事部开发团队从社群里邀请了几百名HR到公司来内测，看着HR使用，HR边用边吐槽，产品经理就边记录，然后接着优化产品，再让HR使用，直到没有“槽点”可吐为止。

产品上线后，通过社群协作，每天都能收到海量的反馈意见，多的时候一天就有几百条。这些来自一线使用者的意见，让产品方向非常明确，只要顺着被提到最多的意见去走，产品就自然而然越来越贴合用户。

同时，2号人事部以社群的方式获客，让一小部分功能先用起来，得到验证之后，再推给更广泛的用户，这样的试错成本非常低。而在社群里产生的种子用户，还可以帮助产品裂变，获得大量新客户。

在2020年初的新冠肺炎疫情中，2号人事部的各项功能深度契合企业远程办公的需要，在企业管理领域迅速引爆："外勤打卡"功能可以帮企业实现远程办公下的员工考勤管理；"调查问卷"功能让企业花最少的时间、以最小的阻力完成各种调查统计工作，尤其适合突发情况下的远程办公管理，如新冠肺炎疫情时的员工每日健康情况统计、复工时间调查等；"电子合同小程序"可以突破地域的限制，异地合同在线签署，几分钟就可以搞定，真正实现信息化、电子化管理……在抗击疫情的过程中，2号人事部帮助众多企业成功实现了远程办公，获得了良好的口碑。

2号人事部从痛点调查、产品众创、产品内测，到第一批客户转化以及后期的裂变，再到发挥良好的社会效应，充分运用了社群协作的价值。自2016年12月正式上线，在精准定位、超级社群、超级内容的联合作战之下，2号人事部已经成为国内发展速度较快的人力资源SaaS软件。

截至2019年12月，短短三年时间已经有超过60万家企业选择2号人事部作为内部人事管理系统。在互联网领域遭遇寒冬、竞品日渐收缩的当下，2号人事部通过社群协作，创造了快速的增长速度，打造了细分领域内的一个超级爆品。

4. 裂变，才能让社群成员倍增

裂变这个词，原指由重原子核分裂成两个或多个轻原子核的一种核反应形式。热中子轰击铀−235原子后会放出2~4个中子，中子再去撞击其他铀−235原子，从而形成链式反应。

社群中的裂变，借鉴了核裂变的原理，也就是从一个社群领袖到多个社群领袖的过程。因为个体的精力有限，当一个人需要管理运营10个以上的线上社群，或每周举办超过1次的线下社群活动，则会非常疲惫。因此，社群领袖必须要学会裂变，让更多人来参与运营更多的社群。

在“群价值”为依归的前提下，社群领袖除了拉新、调频、发起协作外，还需要发现并培养具备社群领袖基因的人。我眼里最好的社群领袖不是那些把群运营好的人，而是能够培养或激励出多个社群领袖的人。

案例43
匠群会如何裂变区域分会

匠群会是一个多中心化的社群，发现并培养社群领袖是多中心化社群领袖产生裂变的最重要环节。从2019年1月5日匠群会成立那一天起，老徐和核心发起人就一直在积极寻找能够认可匠群会社群文化，能够承担起区域社群领袖和行业社群领袖的成员。

在经过社群的多次调频和协作后，老徐发现南京匠群会的陈克栋、合肥匠群会的夏文军、温州匠群会的周良利、杭州匠群会的徐瑞泰、苏州匠群会的陈春鸿、丽水匠群会的毛振宇等区域社群领袖。同时，在项目社群环节，老徐发现菘味道古法酵素的创始人吴坤玲、百岁森林的联合创始人米哥等行业型社群领袖具备很强的社群实操能力。

老徐组织多次社群领袖成长营，与区域社群领袖和行业社群领袖共同成长，指导并帮扶其社群在区域进行落地，最终成功实现在多个社群的裂变。

在进行匠群会多中心社群裂变的过程中，老徐发现一个社群领袖从发现到培养需要一定的时间，更为关键的是，需要社群教练进行以下5个步骤的裂变分解，才有可能让该社群领袖真正产生裂变。

社群教练指导社群领袖裂变的5个关键步骤：

第一步，教他怎么干社群活动

第二步，教他做一次社群活动

第三步，帮他做一次社群活动

第四步，看他做一次社群活动

第五步，鼓励他持续做社群活动

经过社群教练的指导，匠群会裂变出一些区域匠群会，以下列举部分地区匠群会。

1.杭州匠群会

杭州匠群会是由老徐发起，聚合杭州的匠人和匠人拥趸者的社群组织，组织成员多为新匠人、各行各业的创业者、二代接班人等，杭州的互联网创业氛围浓郁，社交创业起步也早，杭州匠群会以高频次组织各种线下活动为主，满足成员的项目勾兑需求。

2.温州匠群会

温州匠群会区域特色非常明显，成员主要集中在制造业和大健康产业，由找鞋网CEO周良利、31年健康“老司机”丁毓富、原红蜻蜓副总裁罗志刚、出汗哥吴建新、GA联合创始人黄耀辉联合发起，通过一场社群开悟结合走访红蜻蜓集团的活动，仅用一天时间，有效拉新温州匠群会新成员22人。

3.苏州匠群会

苏州自古就是匠人辈出，苏州匠群会发起人中新匠人比例最高，曲奇大叔陈春鸿、围巾姐张国英、胖熊蜂蜜徐峰、大王张婧等都在各自的领域死磕多年。苏州第二场社群启动大会在苏州中药世家——苏州李良济公司举办，通过一天的开放式社群活动，社群成员明确了苏州匠群会的价值和使命，成员之间也加深了彼此的了解。

四 社群迭代 三种链接形态

社群经济从提出至今7年，然而，经过7年的发展，大多数微信群从2012年起的叽叽喳喳，到2015年后的打打广告，再到这几年的冷冷清清局面，其原因不是人们的喜新厌旧，而是随着群的数量越来越多，很多人在大多数群内并没有获取到价值，反而耽误了自己的时间，因此许多人设置了“消息免打扰”，甚至干脆退群。

当下的线上群，我用三个字评价“多、杂、软”。

数量多——现在的线上群实在是太多了，打开微信，人均都超过20个群，多的人有上百个群，各种同学群、家长群、兴趣群、创业群、交流群、沙龙群等，这些群在初建期给我们带来了便捷，在群价值失去的时候也带来了泛滥的信息。

杂乱——很多人建群就是为了推销自己的产品，群员之间没有勾兑，很容易导致各式各样的人都进来了，鱼龙混杂，在如此多的人当中，群员之间的勾兑几乎为零。

疲软——当群多起来、群变杂乱了后，除了个别达人偶尔冒泡，更多的群员很容易陷入事不关己高高挂起的状态，他们大多采取了群潜水姿态——冷眼旁观，绝不发言，即便遇到群主发起协作，大家看见了也当没看见，疲软变成了群的常态。

一切好的工具没有遇到对的人之前，不都是如此吗，社群的“多、杂、软”不是社群本身的问题，而是没有遇到对的人。当下社群里每天生产的内容有200亿条，相当于每天人均20条，这说明社群依然是创业者最活跃最有价值的战场。

在这样一个战场中，我们如何告别“多、杂、软”，如何能够真正享受社群红利，对所有社群领袖而言，要清楚了解线上社群的三种链接形态，继而运营好一个有价值的社群。

常规来说，线上社群分为弱链接、中链接、强链接三种形态，每10个弱链接群可以形成1个中链接群，每10个中链接群可以形成1个强链接群，弱链接社群往往用来宣传和推广以便筛选种子粉丝，中链接社群往往用来运营种子粉丝并发现合伙人，强链接社群是运营管理合伙人群，该合伙人群已经形成以社群领袖为中心的线性社群组织，具备了明确的分工和协作，是一个标准意义上的“战斗整体”。

1. 弱链接社群寻找种子用户

弱链接社群并无明确的定义标准，我总结认为：从群员对群主的熟悉度、依赖度以及贡献度这三个指标，来综合衡量社群的弱链接、中链接、强链接。

我将“群员对群主的熟悉度、依赖度以及贡献度较低的社群”称之为弱链接社群，目前微信里数亿的微信社群超过95%以上都是弱链接社群。

社群最高级别、价值最大、数量最少的社群是强链接社群，所有强链接社群都是一步步“打怪升级”而来，很少有社群领袖能够直接绕过弱链接社群一步到达强链接社群。

因此，社群领袖最容易在弱链接社群马失前蹄，许多人因为弱链接社群产生价值不大而最终放弃晋级，其实不是社群价值不大，而是天底下弱链接社群几乎都是一个样。

在弱链接社群过多讲解社群价值或者传递招募合伙人的想法，其实意义并不大，因为弱链接社群的主要价值是寻找种子用户。对于社交创业来说，切忌一口吃一个胖子的心态，即便你发现弱链接社群里存在一个超级合伙人，也不要急着让他成为你的合伙人，你需要通过有效的社群运营，让合伙人见到你的真本领，感受你的产品和服务的价值。

因此，在弱链接社群中，你的主要运营工作是拉新和调频，通过拉新来增加群员数量，通过调频来告知你的价值，最终还是要回归到让认可你的人和你发生一次产品交易，哪怕是9.9元的交易，或者是一次有效的线下见面。

一切不发生交易的社群调频都是耍流氓。

因此弱链接社群主要目的是寻找认可你、愿意为你价值买单的种子用户，弱链接社群可以命名为“××准客户群”“××意向群”等。我建议第一次和弱链接社群群员发生交易的金额最好在200元以内，因为信任度尚未建立，产品价值尚未让群员感受到，较高价位的产品会导致群员的试错成本增加。

同时需要告诫所有的社群领袖，那些表面上四面玲珑的群员，如果连支持200元以内都不支持一下，即便再好的私交，都不能够带他进入中链接社群，你要坚信一点：一切愿意为价值买单的用户，才是你值得继续培养和服务的用户。

2. 中链接社群寻找合伙人

已经发生过至少1次交易行为或者至少1次深度勾兑的成员满50人的情况下，尽快组建中链接社群，中链接社群可以命名为“××粉丝群”“××体验群”“××准合伙人群”等，以便区分弱链接社群。

中链接社群是起到承上启下作用的社群，因为社群里大多是体验过产品的群员，初步的信任关系相对能够建立，而且这些群员已经为价值买过单，持续为价值买单的可能性也最大。

更为重要的是，在中链接社群里，社群领袖要发觉那些想跟你一起参与创业大潮的准合伙人，并激发准合伙人与你链接的决心。而链接这些合伙人依然需要用的工具是“钱”，链接合伙人的金额从1000元到20万元不等，具体金额要根据合伙人的经济能力以及商业模式来确定。在中链接社群里，和部分群员发生一次大金额的链接是招募合伙人中最重要的一步。

社群领袖要把中链接社群当成最重要的战场，这个战场是检验社群领袖社群运营能力、产品价值、商业模式最重要的战场。

需要强调的是：与部分群员发生一次大金额的交易，其手段更需要借助线下沙龙或见面会甚至一对一的深度勾兑才能更快完成，因为在商机泛滥时代，没有一次走心的沟通和交流，没有一段时间的相互考察，很难说服合伙人下定决心跟你奋斗。

在沟通阶段，少用挣大钱的诱导词语，多用一起协作、一起成长、一起干一番事业的说辞，毕竟创业成功是小概率事件，宁愿选择对的合伙人，也不要伤害一个认可你的消费者，让不该创业的人加入进来，最终只会拖你后腿。

3. 强链接社群经营合伙人

强链接社群的成员质量和数量是检验一个社群领袖创业是否成功的标志，我们创业的目的除了能够销售更多的产品创造更大的利益以外，还有一个更重要的目的——让更多跟随社群领袖的合伙人创造属于自己的财富和荣誉。

因此，建立强链接社群的本质是社群领袖以“传帮带”的方式，不断把自己的方法论，以及对IP打造、社群运营、内容创造等的理解手把手教给合伙人，只有更多合伙人掌握了社群领袖（超级IP）的方法论，这些合伙人才能成为真正的社群领袖。

本章小结

爱出者爱返，福往者福来。

古人其实早就点破了社群的核心之道，真正的社群参与者，一定是一个爱付出的人，因为每一次付出，都会获得社群的权重，都会在你需要帮助的人获得别人给你更大的能量。

当下，属于移动互联网的下半场，流量费用越来越高，据不完全统计，获取一个 APP 注册用户的成本达到 280 元，获取一个投资 399 元小型微创业者的获客成本上升到 800 元，而获取一个 5 万元左右投资的中型合伙人成本上升到 2 万元以上。

超级社群时代，最大的交换价值不仅仅是物质本身，而是每个社群成员背后的私域流量，私域流量的付出，不因为你的付出而减少，相反的，你付出的是你闲置的私域流量，你获得的社群其他成员为你贡献的新鲜私域流量。

私域流量的更高级玩法，一定属于社群，私域流量应用的最后一块净土，也一定属于社群。因为，你所有的客户和合伙人，其实都在别人的朋友圈，你要做的是跟对一个社群，搞透社群营销，建立信任机制，激发集体意志，继而让别人的私域流量成为你的私域流量。

我的建议是：要么加入社群，要么创建社群，用付出价值产生价值回馈，用私域流量交换私域流量，在愉快地玩耍中顺便做点生意。

第五章 超级爆品

老徐谈爆品

ONE BIG SHOT

1

老徐谈爆品

没有“全民通吃”的爆品，只有针对“社群或族群”的相对爆品；比如，一款适合女大学生的唇膏，就不一定适合职场女性；一种南方人爱喝的爆品黄酒就不一定适合北方人的口味；一种哈尔滨人爱吃的爆品红肠在全国其他地方就鲜有问津。

2

老徐谈爆品

也没有绝对完美的爆品，所有的爆品都是优点和缺点兼具的；比如，当你采取了极致的原材料和极致的工艺，那么销售价格就一定会偏高；当你批量化生产后，产品就很难满足客户定制化需求；当你定制化需求后，爆品的销量就不可能太大。

3

老徐谈爆品

没有超级 IP 方法论赋能的爆品不称之为爆品；没有爆品做交付物的超级 IP 不称之为超级 IP；超级 IP 和爆品的关系是：相互成就，荣辱与共。

4

老徐谈爆品

没有超级 IP 方法论，爆品是块泥巴；缺少内容塑造价值，爆品是个哑巴；离开社群流量，爆品只能夹着尾巴。

5

老徐谈爆品

社交创业时代，最应该经营的爆品，或者说最超级的超级爆品，其实是“人品”！

爆品
行走江湖的标配

2015 年初，在产品泛滥的江湖，我大声喊出“爆品思维”四个字，注册了爆品思维的商标，开通了“爆品思维”微信公众号，写了《爆品思维》第一本书，进行了连续 5 年累计超 200 场次的“爆品思维方法论”的课程与讲座，感谢这个时代，我的“爆品思维方法论”累计影响了 100 万左右的听众和读者。

这 5 年来，每年大约有 1000 个企业主和创业者，带着各式各样的产品来找我喝茶或加入我创办的匠群会，期望我在爆品打造层面给予一定的建议，然后留下他们的产品，我和我的家庭成为匠人产品的首批体验者——卧室里的智能床、三件套、蚕丝被、枕头；客厅里的除湿器、空气净化器、音响系统；我身上穿的外套、内衣、袜子；家里吃的大米、食用油、辣酱、醋、酱油、牛肉、羊肉，等等，都是全国各地匠人寄过来或亲自送过来的产品。

一方面我为生活在这样一个物质丰富的时代而庆幸，一方面我也为这些消费升级产品背后的匠人而担心，打造这些产品背后的匠人只专注于死磕产品，而且大多数人还停留在“只要搞出了一款好产品就成功了一大半”的自我感觉里，对超级 IP 打造、内容打造、社群运营层面一知半解。

在如今产品泛滥的时代，具备爆品基因的产品也越来越多，我每年接触的产品，具备爆品基因的占 10% 的比例，但是这 10%具备爆品基因的产品最终能够突围成功的少之又少，这背后揭示了一个现状——超级爆品只是行走江湖的标配，缺少超级 IP、超级内容、超级社群的配合，再好的爆品也不过是匠人们“自嗨的道具”。

之所以把“超级爆品”这个板块放在本书的最后一章，一方面我是想强调：社交创业的过程中，超级 IP、超级内容、超级社群这三大要素是打造爆品的前提；另一方面我也想告知所有的创业者：爆品是检验创业是否成功的最后一个环节，也是最重要的一个环节。

无爆品，不营销；无爆品，莫上路！

我对社交创业范畴内的“爆品”定义：在社交创业范畴内，爆品是以超级 IP 方法论为理论依据，以解决用户痛点为前提，最终呈现不可轻易被替代的交付物。同时，爆品还具备了六大要素中的一个或多个：满足了强需求、微创新、高颜值、性价比、较好的用户体验，且背后有一个真实的匠人情怀支撑。

一 爆品的三个基础

爆品，以超级IP方法论为理论依据，以解决用户痛点为前提，最终呈现不可轻易被替代的交付物，这三点我称之为爆品的三个基础。

1. 以超级 IP 方法论为理论依据

超级IP方法论应该具有独到的观点，无论是产品还是服务，一个超级IP在方法论层面所最终呈现的产品，实质上代表了当下该超级IP方法论的水准。

当一个超级IP在宣传极致食材、零添加、秉承古法、手工制作等方法论的时候，其打磨的爆品必须满足其宣传的理念，最终呈现的产品其实和其方法论（主张）是统一的，这个时候，爆品就有了方法论的基础。

当一个超级IP宣扬传统的草本植物发酵工艺，就必然从食材的选择、食材的配伍、时间的掌控上有着独到的观点，而这些观点是在长期实践中千锤百炼而来。

案例 44
菘味道，张伯强老爷子的方法论

张伯强，1933年出生，湖南韶山人，张氏一族自清朝起一直经营中药材，而张伯强的祖父张燮钦又对草药功效研究与提炼很痴迷，研读各类传统医药书籍。张燮钦受《本草纲目》中“松叶，【别名】松毛，【气味】苦，温，无毒。【主治】风湿疮，生毛发，安五脏，守中，不饥延年”启发，辅以松子、黄精等成分，经过反复提炼和实验，调制出了一个调理脾胃虚弱兼顾祛除体内寒湿的秘方。

1991年，退休的张伯强就开始琢磨把中草药进行发酵，继而扩大药性的想法，然而到底发酵哪些中药材？如何才能确保发酵好的中草药能够治病救人？张伯强不由想起了祖父张燮钦留下的那副老方子。

他决定利用发酵技术，结合祖上留下的老配方，进行改进，他买来发酵缸，带农民上山采摘大山深处的韶山马尾松，在松花粉成熟期采摘松花粉，再辅以黄精、玉竹等药食两用中草药，使用低温发酵，研制出第一代基于松树为原料的酵素。

张伯强和太太就是第一代酵素的“试验品”，通过几个月的连续服用，张太太原来的高血压恢复平稳状态，严重的便秘也恢复了正常，张伯强通过家人和自己的食用，感受到了祖上秘方结合发酵技术的神奇。学医出身加上做酒经验的张伯强便认定——以祖上秘方辅以科学的发酵工艺所诞生的产品能帮助很多人获得健康，便在第一代酵素的基础上不断进行改良。

在发酵工艺上，老爷子总结了36道严谨苛刻的发酵工艺流程，从发酵时间上来说，市场上多数果蔬酵素发酵时间仅有1~6个月，而老爷子酿造的酵素发酵时间长达两年。

在老爷子的认知里，没有达到这些药材所需要的发酵时间，产品效果将会大打折扣，虽然发酵时间长外加炮制过程烦琐，但老爷子遵循天道，绝不敢减少工序和发酵时间。

张伯强的女儿深深感受到父亲的坚持和信念，和同样认可匠人精神、认可产品效果的吴坤玲、杨子萱等人组建了一个销售团队，并注册了品牌——菘味道，菘味道谐音松味道，也是大自然馈赠的味道，代表了这款酵素是行业为数不多的本草发酵型酵素。

在几次社群活动取得强烈反响后，老徐为项目进行了充分的梳理，并采取IP2P2SP2C的社群新零售模型，组建团队、普及肠道健康知识，继而为有需求的群员提供产品和后续服务。社群新零售模式最大的特点是聚合相信中医瑰宝、相信张老爷子方法论的一群人，既能传递匠人精神，也能助力匠品销售。

2. 以解决用户痛点为前提

当下，消费升级的浪潮席卷而来，大家对物质的要求开始提升。传统产品是以解决用户的物质需求为核心，解决用户“从无到有”的问题；爆品是以解决用户的痛点为核心，解决用户“从有到精”的问题。

用将就的眼光看，我们在一个什么产品都不缺的时代；但是如果用挑剔的眼光看，几乎所有行业所有刚需产品，“柴米油盐酱醋茶、琴棋书画诗酒花”等，都值得推倒重来，重做一次。

因为随着消费者消费意识的觉醒，消费者开始发现越来越多的传统产品存在着各式各样的不足——超市的大米都不新鲜，大多是抛光过后的陈米；买到的食用油大多数是化学浸出且添加了防腐剂；床上的枕头不能水洗；买到的辣酱都添加了防腐剂；买到的茶叶有许多是农残和重金属超标的……

所以，在这些用户痛点产生的时候，谁解决了用户的痛点，谁就有机会打造出爆品——黑龙江匠人王学岩发明的现磨大米机就解决米的新鲜问题；南京张细娟打造的物理压榨茶籽油就没有添加任何成分；胖太阳枕头毛莉发明的弹簧枕可水洗、可暴晒，解决枕头上螨虫滋生的问题；朱延白传承的苏小鲜辣酱采取了“三无一有”的鲜辣酱新标准，无水无油无添加，每一口都是新鲜的；钱蔚打造的“龙珠茶”只采用零农残、零重金属的普洱，甚至拿到了国际食品安全认证……

案例 45
一张床，智慧到什么程度才能解决老年人的睡眠痛点

“索菲莉尔”是全球智能床的引领品牌，隶属于主板上市公司，“麒盛科技”自2013年开始，索菲莉尔在国内市场进行战略化布局，目前已在全国25个省级行政区开设门店。

2017年起，索菲莉尔打算专门研发一款针对老人的智慧床，在设计之初进行了大量的用户调查，并收集了老年消费者及其子女的反馈，汇总了老人睡眠过程中多达几十项的痛点，再经过市场团队几轮讨论和选择，五大核心痛点清晰了然：

痛点一，老人起床难，醒后猛然起床后，容易头晕；

痛点二，老人睡眠时的心率、呼吸率等反映身体健康状态的数据，老人和子女无法及时掌握；

痛点三，老人起夜上厕所，或夜间长时间起床未归，家人不清楚是否发生意外；

痛点四，老人对于智能产品往往操作不熟练；

痛点五，老人睡眠姿势不对易造成打鼾，影响枕边人睡眠，也影响身体健康。

针对以上五大核心痛点，索菲莉尔研发团队经过两年的不断攻关，一款专门为老人睡眠健康而设计的索菲莉尔智慧老人床诞生了。

其一，针对老年人起床过猛导致脑供血不足引起头晕的痛点，索菲莉尔智慧老人床结合人体工程学原理，提供床头床尾的升降功能，预设角度和自由调节，轻松帮助老人起床和安睡。

其二，针对睡眠状态无法掌握的情况，索菲莉尔将“羽感级”非接触式传感器技术运用于产品之中，实时记录心率、呼吸率等数据并自动上传云端形成健康档案，通过纵向对比可以发现不同时段数据变化，发现问题；通过横向对比，对比正常指标发现自己与正常人是否存在差异，若发现某一天睡眠数据发生异常，将推送预警信息至用户或子女手机APP。

其三，长夜里，老人总会有一些起床未归的情况，或在洗手间里摔跌，或发生这样那样的意外，而得不到及时的帮助。针对长夜里老人离床后长时未归，索菲莉尔智慧老人床将自动预警，将信息发送至子女或紧急联系人手机，远程知晓父母在床情况，带来安心守护。

其四，智能产品操作复杂，成为老年人在产品使用时的一大障碍。为此，索菲莉尔智慧老人床在传统的遥控器及APP操作的基础上，带来了离线语音操作，解决了没有网络及操作复杂的问题。

其五，打鼾总是给人们带来不便，不仅影响枕边人睡眠，严重者会出现呼吸暂停，索菲莉尔智慧老人床加载了智能止鼾功能，一旦感受到老人的鼾声时，将自动干预，床头微微抬起10~15度，帮助理顺呼吸道，缓解鼾声。

因为秉承“深挖消费者的痛点，打造匠心智能床”的理念，索菲莉尔智慧老人床一诞生就在智能睡眠行业掀起风波，越来越多的城市合伙人也加入索菲莉尔智慧老人床的创业团队，越来越多的家庭也成为了这款爆品的忠实用户。

案例 46
基于用户痛点打造的一坛浊酒

白酒市场竞争白热化，各个酒厂从品牌战到终端战到价格战，只为分一杯羹。在竞争如此激烈的市场，有个做酒的匠人，深挖用户的痛点，打造的白酒逆势飞扬，创造不菲的业绩。

夏文军，70后连续创业者，一坛浊酒品牌创始人，19年的酒类及农产品行业营销经历，让他深知食品安全问题对身边人的影响。他发现身边的爱酒之人、懂酒的实实在在的明白人，都有如下三大痛点：

其一，包括品牌酒在内，大多数白酒为了调香，都添加一定量的酒精、香精香料，加了这些成分后，喝了不仅容易上头，而且对身体也有害。

其二，消费者买酒，豪华的礼盒和精美的酒瓶都是成本，不客气地说，很多人喝完酒，扔掉的瓶子和盒子实际上比酒的成本贵得多。

其三，知名品牌酒价格大多很贵，送礼佳品，但是自己喝的毕竟是少数，而且这些品牌酒价格虚高，老百姓很多钱是花费在酒厂的广告上。

针对这三大痛点，夏文军抱着“让身边人喝上安心高性价比好酒”的想法，和一群志同道合的人，开启了“一坛浊酒”的创业之路。首先，在食品安全问题频发的当下，一坛浊酒坚持“纯粮古法酿造”的传统酿造工艺，不添加酒精与香精香料，以酒调酒，就是为了能够“还原好酒的本来味道”。

其次，在为用户节省成本上，夏文军坚持使用一坛2斤的容量，就是为了尽可能节省一套包装的成本，并将节省下来的成本全部投入到提高酒的品质中去；坚持甄选优质陶瓷坛存储，就是为了酒体能自由呼吸，加速酒体老熟；坚持使用宣纸作为坛标，就是为了避免用烫金或喷涂，以减少化学物质对酒体和环境的污染；坚持使用极简的包装设计理念，就是为了避免因产品过度包装，给用户造成不必要的成本负担。

在最终的定价环节，常规酒水基本都在1∶5，甚至1∶10的定价法则，以满足层层中间商和渠道商的利润，夏文军坚持走最直接的渠道——社群，采取最厚道的1∶2定价法则，让消费者花最少的钱喝到最好的酒。

在浮躁、功利、快求的大环境里，夏文军和团队提倡白酒去工业化，回到传统的方法来酿酒和调酒。坚守纯粮古法酿造，不为出酒率添加外物。坚持用原酒调原酒，不添加食用酒精、不添加香精香料、不添加其他化学液体，用时间和空间来养成好酒。

他们不强调个性或流行，也不认同受欢迎的品牌应该抬高身价。相反的，他和团队一直践行“用质朴超越奢华”，做到“好物不贵”！他们用质朴的理念，去除多余的装饰，还原白酒原貌，以此来缓解身边人在消费白酒时，喝到外物添加的担心和顾虑！

一坛浊酒正在努力做生活方式的提供者，而非销售商品的企业，他们期待能够为身边人的日常生活和社会发展进步做出贡献。一坛浊酒在2019年面向市场的半年时间，没用营销手段来推广产品，只是通过几位联合发起人的第一批种子用户的复购与口碑推荐，已经实现销售1万多箱的业绩。

如今，一坛浊酒正在积极摸索社群新零售IP2P2C的商业模型。老徐坚信这一帮“基于用户痛点打造爆品”的匠人，将会取得属于他们的成功。

在这个匠人频出的时代，遵循天道，基于用户痛点，打造出不将就的产品，这类产品是中国消费升级型产品的主流，这类消费升级型的产品，因为需要教育和引导，更适合采用社交创业模式来销售。

3. 呈现不易被替代的交付物

在同质化竞争激烈的今天，产品极度过剩，服务也极度过剩，消费者对产品和服务的要求越来越高，能够被轻易取代的产品或服务往往就是我们说的同质化产品（或服务），同质化产品（或服务）在传统渠道拼的是品牌或者价格，如果品牌你比不上人家，价格你比不上人家，最终你只能仰人鼻息地过活。

我断言：短时间，大多数消费升级型产品（或服务），都不会出现在传统渠道；未来，大多中产家庭消费的产品也不会是这些传统渠道里的常规生活用品。当既得利益的品牌集团还不能够弯下腰，以用户思维为出发点打造爆品时，那些超级IP或匠人的产品才有更多机会借助社交渠道让爆品进入千家万户。

所以，爆品的第三个基础是呈现不易被替代的交付物，如果匠人打磨的大米跟超市一样，如果匠人种植的蔬果口感和菜市场一样，如果匠人制造的辣酱和老干妈口味相同，如果做眉艺的匠人做出的眉毛跟普通技师没有差别……那么凭什么用户选择你，而不选择常规渠道、成熟品牌、价格较低的同类产品或服务。

所以，不易被替代，并不是没有同类产品，而是说在同类产品中，爆品具备更大价值，同时也具备了不可轻易被模仿和被替代的壁垒——要么是技术不可复制，要么是经验不可复制，要么是原料不可替代，要么是服务价值不可替代，要么是生产过程不可复制。

案例 47
我所做的眉毛，
99.99% 的人做不到

大多数做纹绣的是女性，但是也有个例，在上海有一位纹绣男匠人叫张中，江湖人称“眉匠张中”，他1994年入行学习化妆，1997年就开始帮人做眉艺纹绣，整整23年都在和女性的眉毛打交道，他最高一天可以做10个人的眉毛，平均每天5个客户，累计帮助超过3万人次通过纹绣变美变年轻，他也是整个行业极少数仅靠一个人的手艺，年收入达到1000万元的纹绣匠人。

做过眉毛的女性都知道：纹绣使用的色料是天然植物色料，通过特制的针刀在眉毛的表皮层形成稳定的色块，这种小分子色块因为在皮肤的表皮，会随着时间的变化慢慢消散，一般纹绣的作用时间为2年左右。

纹绣师会根据客户自身的毛发生长方向、脸型的特征、肤色的深浅，调出适合的颜色，继而通过捏针刀的深浅度，以及个人理解的美学，最终为顾客呈现基于自己技艺水平的眉毛艺术。

用张中本人的话来说，“我做的眉毛99.99％的人做不到”。之所以这么自信，是基于张中两大别人难以替代的优势。

其一，23年只做一件事的经验。市场上大多数是做了三五年的纹绣师，案例少，经验不足，个人造诣有限。眉匠张中23年来3万多人次纹绣的经验，每一个客户都是几百次乃至数千次的针法实操，在他的大脑已经形成了一个超级数据库，任何一个女性，只要他看一眼，就知道眉毛的问题出在哪里，最优化的解决方案是什么，张中会根据客户自身的毛发生长方向、脸型、肤色深浅，采用张中独创的“水墨技艺”为客户进行艺术加工，并运用达·芬奇的绘画创作手法：渐隐法，近看清晰、远看朦胧，做好后有极细的眉粉颗粒感，露白均匀，无缝衔接毛发，色泽自然通透饱满、过渡有虚有实，有层次渐变色，最终作品呈现给人自然、细腻、立体、流线、协调的艺术美感……

其二，难以替代的核心技术。同行做眉艺，几乎都存在三大缺点：半麻+疼痛+结痂，“半麻”是在施针过程中必须对顾客进行局部半麻，否则扎针下去顾客会痛得受不了；“疼痛”是指顾客做好眉毛三天左右，碰到一点水，或者偶尔皱个眉都会很疼痛；“结痂”是指被施针的伤口有一周左右的结痂期，结痂期完全没有眉形可言，顾客几乎不敢出门。

经过长期实操和不断超越，张中在技术层面解决了这三大缺点，他的核心技术就在于“无麻、无痛、不结痂”——无需使用任何麻药，张中在给顾客施针过程中也不会产生任何疼痛，做完眉毛后立马可以碰水（洗脸），而且做完后也没有肉眼可见的结痂情况发生。

张中有着自己独有的眉艺方法论：他操作时尽量以自然原生态的理念去呈现，打造眉毛最本真的状态，不刻意修饰眉型轮廓，保留原有细小绒毛，根据眉毛自然生长方向，查漏补缺，利用水墨技法见缝插针层层加色，打造栩栩如生的绒毛质感，达到源于自然而高于自然饰于无形的境界。

在张中看来，眉艺不是简单的做眉毛，不是简单的混口饭吃，而应该当作艺术来对待，每个女人都是上帝打造的一个完美作品，而他，负责在上帝没顾得上的眉毛上为女人锦上添花，让每个女性无需通过整容，仅仅通过眉艺就可以提升30%以上的回头率。

如今，匠人张中正在积极学习我的社交创业方法论，从匠人成长为匠人的老师，他正在培养更多的眉艺匠人，打造城市合伙人结合技术合伙人的社群新商业模式，与更多有想法的美业人一起开启美业新篇章。

二 爆品的六大要素

在道层面，爆品有三大基础——基于超级IP或匠人的方法论为理论依据，以解决用户痛点为前提，最终呈现不可替代的交付物。

在术层面，爆品有六大要素——满足了强需求、微创新、高颜值、性价比、较好的用户体验，且背后有一个真实的匠人情怀支撑。

爆品的道和术，正验证了那句话："有道无术，术尚可求；有术无道，止于术。"以道驭术，以术明道，方能打造出真正的爆品。

1. 强需求

"柴米油盐酱醋茶，琴棋书画诗酒花"，这些所有跟当下生活息息相关的产品则为强需求产品，穿衣吃饭坐公交，这样的需求不需要教育；

用电脑玩手机看电视，这样的需求已经被引导。如果你开发的产品跟需求没有关联，无论这个产品看起来多么奇葩，你可能就是为了发明产品而发明产品。

陕西某匠人开发了一款刷鼻子的专利刷头，提倡刷鼻子比刷牙更重要，产品运行了4年，依然在苦苦挣扎。因为刷鼻子是一个颠覆性创新的产品，需要教育市场，一提到教育市场，这个产品成功率就会低于万分之一。

台州有个匠人，做了一款产品叫“摇梦床”，在国外沙滩椅的基础上进行创新，结构上是用一根半圆形的粗钢管吊着一个长约1.5米的摇摆床，产品价格也不贵，零售价1500元左右，但在国内市场就是推不动。这类产品就是典型的弱需求产品，因为它的使用场景是在别墅或者沙滩景区，如果用户买到家里，只能偶尔使用下，平常睡觉不能当床用，当沙发用也不能坐，最关键的是：现在中国家庭房间面积都不大，如果摆在北上广这样寸土寸金的城市，要占地三平方米。

案例 48
栀子油如何从弱需求升级为强需求

杭州张博士团队历时8年开发和研究，在山栀子果实中提取了栀子油，并成功实现量产。栀子的果实是传统中药，属卫生部颁布的第1批药食两用资源，具有护肝、利胆、降压、镇静、止血、消肿等作用，营养价值很高。

张博士团队一直期望借助家庭烹饪场景，让栀子油走进千家万户，实现销量的突破，为此，经过精确的成本控制，每瓶250毫升的栀子油售价在100元左右，然而经过几轮试错，皆没有找到突破口。

老徐分析认为：这款产品如果定位在烹饪用油，就是一个小品类的食用油，小品类食用油是典型的弱需求，可有可无，况且250毫升要100元，按照三口之家每天50毫升用油量来说，每年光食用油的开销就要近8000元，远高于普通家庭的承受能力。

老徐对产品深度了解后，发现这款产品有个普通油脂不具备的功效——预防和改善老年痴呆，因为这款产品含有藏红花素，藏红花素是普通食品当中很少具备的可以穿透血脑屏障的物质，当藏红花素的摄入量达到一定量时，可以有效预防和改善老年痴呆。

当下，中国现有的老年痴呆症患者就有1000万，75岁以上的发病率达到30%，老年痴呆是全球范围的治疗难题，如果产品能够有助于预防疾病，起到“上医治未病”的作用，这完全是一件利国利民的大事业。

因此，老徐建议：将栀子油定位为“预防老年痴呆的孝心油”，是家里老人的专属用油，产品由子女为老人购买，彰显孝心。食用的时候既可大锅烹饪全家共享，也可以往老年人的饭菜里添加。

经过调整，这款产品从弱需求食用油转变为强需求功能油。另外，老徐还建议：张博士本人是一个非常有潜力打造成超级IP的，借助张博士的超级IP聚拢粉丝，借助超级内容进行宣传，再以张博士为核心建立社群分销体系，这款产品完全具备了打造出爆品的可能。

小众更有强需求。

往往是精准定位某一类人群的小众产品，比如九烤排毒竹盐、孕期乳贴、车载净化器、中药酵素、榴莲味曲奇等，和强需求结合，这样既可以避免和大众强需的产品正面对抗，又可以在小众人群中树立专业的地位，相比较而言，此类产品突围的概率会更高一些。

聚焦某一种社群，比如左撇子人群、越野车一族、音乐发烧友、网约车司机、动漫爱好者、徒步人群、射手座男生等。这类人群有着明显的族群标签，容易和大众人群区分开来，而且他们分布在各个兴趣社群里，找到一个就找到一群。

聚焦某个年龄段，比如幼儿园学生家长、大学生、70后企业家、在职教师等。这里说的某个年龄段，并非年龄差距越大越好，最佳年龄差距控制在5岁左右。比如说某款学习文具针对小学生的妈妈，那么80%以上小学生的妈妈年龄在32~38岁之间。这个年龄段的女性几乎是同一个年代的人，基本没有代沟，有着共同的价值观和兴趣爱好，在传播过程中我们的广告才能更聚焦。

案例 49 给顾客提供最好吃的牛肉，这就是强需求

陈晓文，温州人在山东连续创业，江湖人称“黑牛先生”，10多年前，爱吃牛肉的陈晓文和朋友去日本考察，在日本品鉴了日本的和牛肉，鲜嫩的和牛肉和昂贵的价格都深深震撼了陈晓文。

回国后的陈晓文，偶然间听说可以从澳大利亚引进日本和牛品种到国内进行繁育，便和几个股东将澳大利亚的日本和牛品种引进到山东临清，成立了君博牛业，并将日本黑毛和牛与鲁西黄牛杂交，杂交而成的新黑牛牛种保持了父本和母本的优良基因，胸宽背直、四肢短粗、躯体肌肉丰满。

为了推广自家的黑牛牛肉，陈晓文注册了“黑牛先生”商标，并成立了餐饮管理公司，投入200多万元在青岛开设了第一家“黑牛先生料理店”，该店面积有500多平方米，人均消费定在298元，在青岛属于定位较为高端的餐饮。开业没几天，一个青岛餐饮圈的朋友来店内品鉴和牛肉后，在称赞肉质鲜美的同时，也放下狠话——吃一次普通牛羊肉人均100块，你这人均298元的价格，没几个人吃得起，我断言熬不过半年，你这个店就得转让。

对自家的爆品和牛肉，陈晓文有着十足信心，因为和牛肉脂肪瘦肉分布均匀，肉质细嫩多汁，“入口即化”，比起普通牛肉，和牛肉质细腻，纹路清晰，无论用何种烹饪方法，都是令人一吃难忘。牛脾气的陈晓文就不信这个邪，他回敬给这位朋友一句话——我这个和牛肉就是好吃，好吃就是强需求。

陈晓文在咨询老徐后，老徐给出的方案是：打造招牌爆品锁住老顾客，采取社群协作带动新流量，启动餐饮新零售增加新销量。

在爆品打造上，陈晓文经过不断研发，开发了一款集合烧烤和寿喜锅为一体的食材，并以木制楼梯的造型进行呈现，10多种黑牛不同部位的肉质在这个造型上得到完美体现。这款爆品菜品的开发，不仅可以满足烤肉的乐趣，也能满足寿喜锅的需求，更为关键的是，独特的造型引得顾客纷纷拍摄，形成自传播的效果。

在社群协作上，陈晓文发挥温州商人的生意头脑，联合了山东的浙江商会和温州商会，并邀请这两个商会的核心成员定期将宴请放在黑牛先生料理店进行，同时，陈晓文积极和济南匠群会等社群组织进行协作，举办“匠人见面会”“黑牛品鉴会”等活动。

在餐饮新零售的打造上，陈晓文针对进店的客户想在家自己烹饪的需求，将已经排酸后的黑牛肉按照不同的部位进行分拆，西冷、上脑、眼肉等不同价格和包装，并在店面门口陈列冷柜展示，并将这些牛肉组合设计成588元、1288元等不同价格的礼盒包装。

经过3个月的社群协作，黑牛先生在山东的各大商会和社群中有着良好的口碑，店内的生意逐渐带动起来，餐饮新零售也有着不错的业绩，占据总业绩的15%，实现单店月盈利20多万元的成绩。

随着第一家体验店的成功，陈晓文团队又陆续在青岛开了两家体验店，并在济南开设了全国第四家体验店，借助爆品和社群力量，借助强需求的极致和牛肉，黑牛先生陈晓文找到了一条属于自己的创业大道。

2. 微创新

对于企业主或创业者来说，以解决消费者的痛点为前提的微创新才是产品区别同品类的核心要素，因此，在产品的微创新层面，匠人和超级IP要时刻保持微创新的激情。

在当下，几乎所有品类里都具备着多个微创新的可能，拿“大米”这个品类为例，对标的是南方超市里常见的抛光大米。比如，你可以做不抛光的大米，色泽上不好看，口感上差一点，但是这个微创新是“保留了胚芽的大米”，更有营养；你可以做“正宗的五常稻花香大米”，拼的是口感；你可以做一款“宝宝专用米”，拼的是有机和营养；你可以做一款“现磨现吃的米”，比的是新鲜；匠人肖波做了一款胚芽米，只取每粒大米胚芽部位的米尖尖……

换一个品类举例，在保暖内衣的微创新上，匠人们也是微创新层出不穷——匠人老张的保暖内衣用的是火山岩材料，一秒即暖，不怕严寒；匠人老高的保暖内衣用的是石墨烯，红外线波段和人体相互促进，透气还保暖，暖得很自然；百年老字号抵羊的保暖内衣，创新地采取内棉外毛的“毛盖棉”科技，薄薄的内衣融合了羊毛和棉的交叉制作工艺。

微创新无处不在，关键点是：这个微创新是用来解决消费者真正的痛点。

案例 50
苏小鲜的微创新之路

2016 年第五期“爆品思维总裁班”中午聚餐时，一位网名叫“辣椒姐朱延白”的学员从包里拿出来一瓶辣酱，说这是自家做的鲜辣酱，请大家尝尝。一桌人有爱吃辣的，有能吃辣的，也有不怎么吃辣的，但都对辣椒姐这瓶辣酱失去了抵抗力，本来口味不在一个频道上的老板们竟都爱上了同一个味道——鲜得过瘾。

大家都问辣椒姐：“这瓶辣酱为什么这么鲜？”辣椒姐毫不藏私，跟大家分享了她的四字秘诀："三无一有"——无水、无油、无添加，秉承古法，只选用有机食材，全手工流程制作，让食物绽放最原始的味道，这就是"鲜"的秘诀！

首先，辣酱中的水分全部来自于食材本身的汁液，蔬菜本身释放出来的汁液最为鲜美；同时，为了中和朝天椒的燥热，特地加入了性情温和的红甜椒缓和，无论中辣还是微辣，总有一款适合你的味蕾；最后，还加入营养丰富的西红柿和蒜泥调味，层次感很强，辣中有甜。同时，为确保辣酱从生产到餐桌最大程度的新鲜，这瓶辣酱重要环节全部采用手工完成，运输过程中采取全程冷链——每一个环节都追求极致，所以，最终呈现在消费者味蕾上的除了过瘾的辣，还有清爽的鲜！

辣椒姐娓娓道来：这样一款美味但名不见经传的辣酱，并非现代人灵光乍现发明出来的，其实这款辣酱已经传承了近百年，它的起源还要追溯到民国时期外婆的那个年代！那时，辣椒姐的外婆一边相夫教子，一边变着法子改善全家寡淡的饮食，她通过自家菜园子里的辣椒、西红柿、大蒜等，不断调配比例，终于发明了这款辣酱。所以这款辣酱充满了外婆在那个艰苦年代对家人全部的爱意。之后外婆将制作配方传给了她的子女，并且一直保留到了现在。

老徐在品尝辣酱的时候就觉得这个产品有搞头，再听完辣椒姐这款产品微创新的"三无一有"后不由技痒，决定参与这款爆品的孵化中来。经过为期半年的老徐团队孵化，这款产品在社群里发起了众创——找到并确定了"苏小鲜"这个名字；体验官招募——组建了1800多人，总计8个体验者群；众筹——社群和朋友圈1个月时间众筹了1万多瓶。

当然，这瓶辣酱的售价也不含糊，240克要卖到39.8元，一个小白罐仅60克，要卖到10元；相比于8块多一瓶的老干妈，辣椒姐这瓶辣酱的售价约是老干妈的5倍。但是对于吃过苏小鲜辣酱的人来说，贵就贵一点吧，吃辣吃不穷，想犒赏下挑剔的味蕾，一定需要这么好吃的辣酱。

这款辣酱的微创新主要集中在三个层面。

首先微创新的是辣的方式，区别于以往常见的川式麻辣、贵式油辣和湘式干辣，而是迎合了南方人口味——鲜辣。

其次微创新的是选材和加工过程，选取有机食材，采取无水无油无添加的更健康的加工方式，迎合消费升级的时代需求。

最后微创新的是包装方式，大多数辣酱采取玻璃瓶装，节约成本，满足传统渠道的销售需求，而苏小鲜创新采取了锁鲜技术的“小白罐”，仅仅60克小包装，恰好是“辣货”一顿饭的辣酱食用量，不存在多次食用造成细菌交叉感染。

接下来的辣椒姐一路开挂，半年后，辣椒姐获得了1500万元的投资资金建厂；同年，获得了锁鲜第一罐——小白罐授权；同时，具有中国意境菜开创者之称的“大董意境菜”全部门店引入苏小鲜辣酱。2017年，辣椒姐的苏小鲜产生了2000多万元的销售额。

有人说辣椒姐的成功是偶然，我是少数知道秘密的人，我曾在她课程笔记上看过一段话，这段话可以解释她为什么能够成功。笔记本上的话是辣椒姐纤秀的字迹——人生不止眼前的苟且，还有诗和远方，还有一个随时出发的行李箱。

那个行李箱，伴随着她去闯荡，伴随她从一个城市跑到另一个城市，天道酬勤，她不仅是勤，更是拿命在做事，她是一个善于创新的女人，更是一个逮到机会就绝不放弃的女人。

这样的创业者，一定能够成功。

3. 高颜值

网络上有句流行语：颜值即正义，这话多数人不爱听，比如长得挺对不起观众的老徐，但事实就是如此。

这是一个全民审美的时代，为什么女性喜欢帅哥，喜欢好看的包包，而男人喜欢美女，喜欢造型拉风的汽车？有的人买来好看的产品为什么要在朋友圈秀？人和人的交往为什么人要始于颜值？这些以高颜值驱动荷尔蒙的效应，其实都是人性。

好看的东西更好卖的本质是什么？好看的往往好卖，这绝对不是巧合。生物对美的追求是由性选择造成的，也就是说只有有性生殖的生物具有达尔文意义上“美”的概念，个体的“美”或“丑”都是在性选择过程中产生的概念。

比如雄性孔雀开屏的羽毛，非常美丽，却使得行动极为不便，为何还是保留了下来？这其实正是性选择的结果：健康的雄孔雀才能长出漂亮的尾巴，雌孔雀在性选择的时候偏好它们。虽然总体上对雄孔雀生存不利，但是既然它们能长这么长的尾巴还能生存到成年，则必然也是有着优秀的基因。

回到研究爆品本身，人们喜欢高颜值的产品，因为潜意识里，人们认为长得好看的产品代表着优良的品质，代表了安全可靠。

尤其是到了现代社会，大家对高颜值的东西是发自内心的喜爱，所以无论是产品的包装设计，还是产品本身的工业设计，在这些地方都要把颜值展现出来。在当今时代，许多产品的第一眼效应就决定了它的价值，我们不仅要学会金玉其中，也要学会金玉其外，第一眼好看就值钱。

案例 51
n9 文具笔，用颜值征服客户

浙江贝发集团成立于1994年，是一家集研发、生产、国际商贸服务于一体的大型文具集团。2017年，企业决定投入部分资源转型国内文具市场，就找到了以品牌策划见长的季云深团队，期望季云深团队能够为贝发创造一个新品牌，启动国内市场的销售。

季云深是宁波匠群会的发起人之一，2010年前后在叶茂中公司担任资深文案，2014年前后在阿里电商从事运营，在策划和电商有很深的功底。

在接到这个项目后，季云深对国内文具市场进行了充分的调查和分析，她发现：国内文具企业大多还将诉求集中在使用上，几块钱一支的文具笔即可满足书写流畅的需求。但是有一类办公室白领以及对生活挺讲究的人，愿意花费更高的价钱购买一直“高颜值”的文具笔，不仅可以提升书写的乐趣，放在那里也是一道美丽的风景。

季云深团队为迎合这些年轻人的喜好，创造了贝发旗下的子品牌——n9，并将n9定位于：美学书写工具，广告语提炼为：n9，那就做自己。n9这个品牌给人联想除了简洁的英文和数字外，跟口头语“n久”谐音，便于记忆和传播。

为了开发出“高颜值”的文具笔，季云深团队找到了国内知名设计公司，并将品牌定位、品牌诉求和设计团队进行了充分沟通，在双方3个月的磨合下，几款颜值爆表的文具笔诞生了。

爆款系列1：太极

设计灵感来自于对太极的理解，阴阳对立，完美相融，极简色调，冲撞与对称的结合。

爆款系列2：道一

设计灵感来自于中国汉字书法字“一”，笔头笔尾融入汉字“一”的起末，更加流畅自然。

在爆品文具笔打造成功后，季云深团队采取了依据品牌消费者画像，先启动传统电商，在粉丝量达到一定基础后再启动社群电商的渠道策略。

2018年4月2日至19日，n9首次面世于京东众筹，17天内总浏览量为66535次，关注及点赞累计超过5000次；众筹金额近100万元，创书写工具类目新高；2018年7月25日，n9正式登录京东线上销售，首月，n9京东自营店日均销售额11000元，店铺粉丝增长超过5000名，京东采购金额达到100万元。

4. 性价比

什么叫性价比？其实是消费者有了固定对标物的一种比较，一种心理层面的暗示。同样是智能手机，外观也差不多，苹果卖8000元叫高溢价，华为卖2000元叫性价比，而小米卖699元则是低价策略。

在打造性价比的路上，不少创业者会遇到以下3个定价问题。

① 我首批产品生产数量较少，所以做不了性价比

某个生产儿童智能玩具产品的企业找到我，聊天中得知他们首批生产1000个，成本是200元一个，零售价大约是成本乘以1.8，所以零售价360元左右，我问他如果生产1万个成本是多少钱一个，他说大约是150元一个，相对应的，就算也乘以1.8，零售价大约是270元。我直言不讳地说到——是不是这么理解更合适，因为你首批生产量比较小，所以让消费者多花费近100元的冤枉钱。

如果按照这种定价方式，爆品则永无出头之日，所以最好的办法就

是按照批量化生产的成本来定价，不能按照小批量试产来扰乱爆品的价格体系。

② 我这个定价一定要为了眼前能赚钱

干爆品，为了获益无可厚非，但是获益的方式有多种，有的人为了前端获益，有的人为了后端获益。小米在2015年下半年推出一款定价699元的空气净化器，行业里的人都知道这款产品小米是一分钱赚不到的，但是这款产品3个月换一次滤芯，滤芯作为高频次更换的耗材，小米有相当不错的利润空间，试问，当同等级的空气净化器都在1500元以上的时候，一款699元的空气净化器横空出世，它就注定了是一款爆品的定价方式。

其实，想透了这个点，我们就知道定价是通往爆品以及爆品后的路径而已，现在的定价不赚钱或少赚钱，有的是为了积累客户，有的是为了推出迭代产品，有的是为了后端的耗材消费。

③ 必须给中间商留下足够的空间

传统模式里，中间商利润越厚越好，只有不断用丰厚的利润刺激中间商才能刺激他们销售更多的产品，但随着消费者对价格敏感度的提升，消费者渴望适合的价格而爆品必须给予适合的价格，因此，无论是企业本身，还是中间商，都应该降低自己的利润要求，寻求合适的利润而不是一味寻求高利润。

案例 52
高性价比的免熨白衬衫

孟范杰，人称老孟，是义乌当地的衬衫大王，高峰时通过传统渠道一年卖出了200多万件衬衫。这几年，随着电商崛起，传统渠道生意越来越难做，遂自己开创了一个品牌叫V&O，决定转型社交新零售。

他在老徐的茶室内断言：衬衫是不适合做爆品的，因为产品太杂太多——袖子分长短，口袋要不要，颜色七八种，款式三四样，面料几十种，现有的SKU就有172个，所以他认为衬衫这种品类天生就不具备爆品基因。

恰好老徐是衬衫的重度用户，对自己穿了20来年的衬衫很有发言权，当天喝茶的2小时，我站在用户的角度和营销专业的角度，谈了谈我眼中的爆品衬衫：

其一，一定是一件白衬衫，因为男人都需要一件白衬衫；白衬衫代表了商务，代表了讲究。现在大品牌销量最好的也是白衬衫，但是尚未有大品牌敢于只做一件白衬衫，所以做一件极致白衬衫才能抢占心智资源，做多了，资源就容易分散。

其二，一定是百分百纯棉，纯棉代表了贴肤，代表了健康，代表了品质。

其三，最好是免熨衬衫，因为出差的时候男人不可能带着熨斗，这个痛点很明显。

其四，最好是私人订制的，袖口绣上我专属的英文字母，让我有种被优待的感觉。

其五，最好是价格实惠的，这么一件极致衬衫，如果价格放在300元以内我是不会拒绝尝试的。

老孟一条条给我回复，以上五点全部能够做到，只做白衬衫——求之不得；用最好的棉——100%新疆阿克苏长绒棉；用免熨级别3.5的免熨工艺——再皱巴穿身上10分钟笔挺；袖口绣字——多增加8元钱成本即可；价格300元没问题——200元都能做到少许盈利。

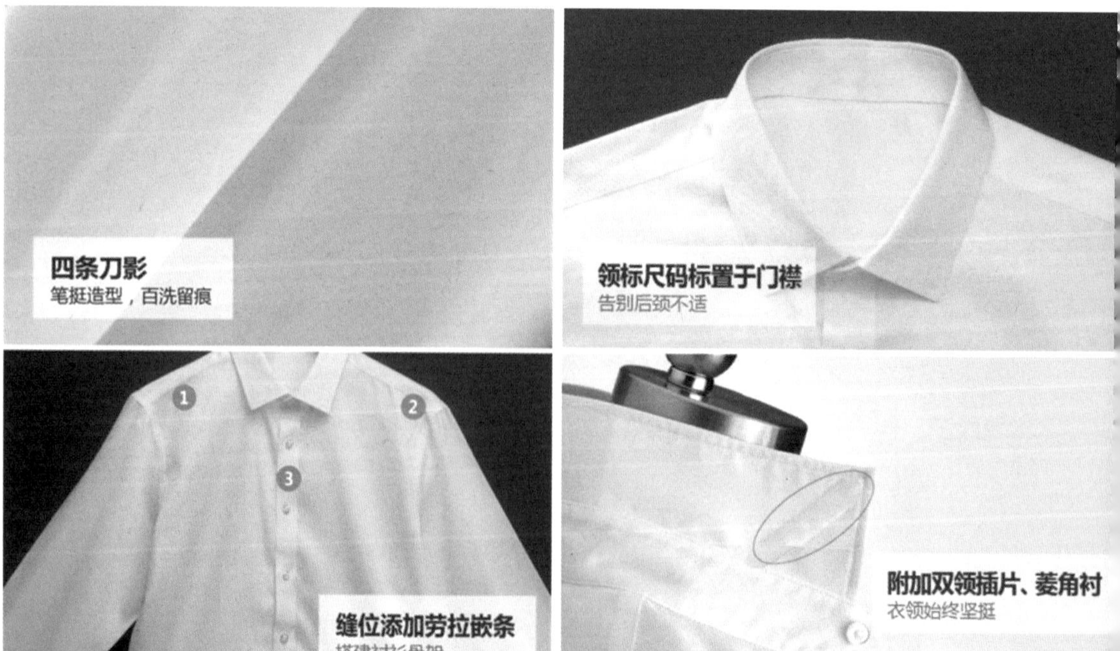

既然200元都能做到少许盈利，那不如干脆定价199元，试1万件如何？我顺着他的话鼓动他，老孟大手一挥，少赚总比赔钱好，就定199元。

199元定价是典型的高性价比定价策略，配合前期的社群预热，产品详情页上线第一天就产生了780多件产品众筹，第一个月实现众筹5000多件，3个月通过社群和大号推广实现累计众筹12000多件的目标。

性价比往往在比较的时候产生巨大的推动力，举个例子：张太太看到一件很喜欢的衣服，一眼看上去1000块左右，试了以后也很喜欢，这时候服务员告诉她只要600块，这个叫性价比，成交概率一下子提升了。换句话说，如果服务员告诉她这件衣服2000块，张太太购买的概率将会大大降低。

中国大多数消费者是理性的，大家在购买商品的时候对价格的敏感度还是非常高的，无论在什么时代，性价比依旧是爆品强而有力的武器。

5. 好体验

用户体验，是指用户在使用一个产品或服务之前、使用期间和使用之后的全部感受，包括情感、信仰、喜好、认知印象、生理和心理反应、行为和成就等各个方面。只有把产品做到极致了，才会产生好的体验。通俗来讲，用户体验就是“这个东西好不好用，用起来方不方便，有没有让用户觉得很爽”。

案例 53 三只松鼠的用户体验

三只松鼠在电商当中，第一次把用户思维做到极致。他卖的不仅仅是坚果，还有用户体验，常规有十二件套：果壳袋、餐巾纸、分享袋、卡片等。

他怎么把用户体验做到极致呢？

当别人都在拼价格的时候，他首次提到用户思维，他把所有员工召到一起，把吃瓜子、吃坚果所有不爽的环节都列出来，有人说吃瓜子的瓜子皮没地方放，有人说吃核桃太硬没有工具……

三只松鼠所有的创新都是基于微创新，所有的用户体验都不是高深莫测的。因为你要擦手，我给你备了湿纸巾；因为你要装果壳，我给你送了一个果壳袋；没有吃完，我送一个封口袋。

当所有东西我都替你考虑到了，你会不会觉得很爽，会不会帮我传播？

现在的消费体验有人用“三哇”来描述——第一个“哇”，买的时候让他“哇”一下，你详情页这些内容做得好呀，他就“哇”一声，赶紧买买买；第二个“哇”是他在收到货的时候，因为产品颜值高，他看到第一眼就喜欢，自然就会“哇”一声；当然，最最重要的是他使用或食用的时候，再叫一声“哇”，这一声“哇”，就预示着一个忠诚的复购型老客户即将产生。

案例 54
闯货，
永久不讲理退换货

如果你买了一件内衣，穿了三个月，没啥质量问题，就是觉得不爽想退货，你能退掉货拿到钱吗？可能99.9％的电商平台不会为你办理退货，因为多数平台规定的退货期限是7天，而且还限定未拆封的产品，可就有这么一个奇葩的社群电商平台，推出了永久不讲理退换货，想退就退，几乎把消费者惯上天了，这个社群电商平台叫——闯货。

“闯货”社群电商是由老徐圈内几名经营公众大号的自媒体人创办的，起名闯货，意思就是：货的来源特别不容易，都是过五关斩六将闯出来的，团队挑选100件商品最后上线能卖的只有一两件，而且闯货平台的选品都是选自大型外贸工厂的高性价比好货，这些大型外贸工厂一般都是给发达国家的消费者生产商品，本身品控管理非常严格。

闯货社群电商除了选好品外，闯货的体系是完全按照让客户尖叫的理念来设计的。

首先，闯货提供的是一对一的真正人工服务。每个闯货管家管理着1000个客户，他们提供一切客户有需要的服务，而且还不一定跟你买东西有关系，真正做到跟你家的管家一样。闯货平台对管家的管理极其严格，要求在及时响应客户的同时，必须对客户的情况了然于心，没有任何系统记录，客户和家人的全部特征都要记在心里面。比如，客户的高矮胖瘦，家人尺码情况，重大的纪念日，有什么特殊需求，等等。你在闯货平台的所有退换货都是由你的专属管家叫好快递上门服务，还不用你付钱，不用你打包。假如你购买了家电，已经把包装盒丢掉了，管家会先给你寄一个空盒子，然后再请快递上门取件，全程无需你干预，你只要跟闯货管家说一声：哪个商品要退货。

其次，闯货没有对管家业绩进行考核，闯货对管家唯一考核的点是：用户满意度，也不对每一单交易是否赢利考核，只要对用户满意度有用。任何为了单纯促成交的措施都被严令禁止，所以闯货平台没有任何优惠券和优惠措施，闯货的理念是：有需要再下单，不搞任何促销活动，更不希望你因为便宜而买没用的商品。这样一来，让买货变得非常简单，让卖货也变得非常简单，从而降低平台的运营成本，反馈消费者，保持闯货的优势。

第三，也是最劲爆的服务——闯货推出永久不讲理退换货，不管什么理由，只要你想退，都可以秒退，而且很多东西只退款不退货，为什么呢？比如你内衣都穿过了，货退回也没用了，所以闯货只退钱给你，不用退货了。如果涉及退货的，不论是否产品质量问题，还是客户的问题，运费一律由闯货承担。更夸张的是，你这个衣服穿了几个月，也没有质量问题，但是发现不喜欢了，你依然可以去闯货全额退款，只要你认为有退货的理由，闯货都会给你退。所以这是真正的不讲理退换货，而且这个期限是永久。

如此“变态”的服务，闯货的退货率是不是就很高了？实质上，闯货的总体退货率不超过1%。那么容易退换货为什么还能保持如此低的退货率？秘诀有三点。第一，闯货非常强调售前，售前就把商品的缺点讲清楚。第二，闯货的商品图片全部随意拿手机拍摄，不允许任何调光和PS，确保真实度，让你拿到的商品跟看到的一模一样，不存在心理落差。第三，超高性价比的优质商品，一般客户拿到商品后都很认可，只会复购不会退。

当然，有些人试图钻这个制度的空子，闯货设置了黑名单制度，如果你在闯货退货率太高，多次钻空子，你很快会被发现，然后你会被列入永久不能下单的黑名单。

由于闯货的客户定位比较高，基本素质都很好，迄今只列入了一个黑名单客户。这个客户的退换货率高达80%，闯货经过人工定位，果断列入黑名单。就因为有黑名单制度，如此好的购物平台非常难得，所以用户都特别珍惜。闯货的理念也是尽可能降低退货率，从而降低平台的运营成本和客户的麻烦。

闯货从2018年年底开始做自有粉丝的社群电商，短短一年时间，从0做到了1亿元以上的销售额，而真正买东西的粉丝只有5万人，人均消费超过了2000元，不少用户复购率高达平均每月10次以上，部分客户在平台上高达每月上万元的消费。

我总结一下闯货社群电商之所以取得很好的成果，离不开从头到尾都在给用户提供“极致的体验”，从一对一的人工服务，再到给管家授权，再到无理由退货，无不站在用户的角度精心设计，让客户觉得一直爽，用户就会一个劲地给你支持。

爆品为何要注重用户体验?

① 用户体验决定产品或服务的价值

消费者在没有经过体验之前，所有对产品的了解是基于广告或别人推荐等抽象的，在经历过用户体验后，消费者变成了使用者，对产品更有话语权，尤其是很多用户体验发生在购买之前，而这类用户体验就直接决定了产品的价值感。

② 用户体验决定着是否值得传播

社交媒体的兴起助推许多企业主改进产品的用户体验，因为产品体验好和不好完全由用户说了算，好的用户体验会迅速晒在朋友圈或微博，能够影响很多人，反之，坏的亦然。

③ 用户体验决定是否二次购买

维护一个老顾客的成本是开发一个新顾客成本的1/8，改进用户体验是维护老客户的根本，而良好的用户体验助推老客户进行复购。

6. 情怀

所有的生意人分为两种——只想赚钱的生意人和有情怀的生意人，我个人偏爱后者，因为一个有情怀的生意人，他所做的事是有底线的，他所行的道是天道，他懂得有所为有所不为。

在商业世界里，我最认可有情怀的人当属已故的苹果之父乔布斯，他的那句“活着就是为了改变世界”影响了许多人，包括我自己。

我所理解的情怀：是为了心中的梦想而去努力拼搏，是为了“让这个世界更加美好”所做的一份努力，他有着矢志不渝的使命和责任，在他的心里始终有一团火在燃烧，驱使他不断努力并一次又一次地超越自己。

案例 55
97 岁刘老爷子的情怀

2017年6月，老徐受刘老爷子弟子柳璐的邀约前往济南体验温煦养生，见到了温煦的发明人——当时已经97岁高龄的刘文利刘老爷子。他14岁学习中医，23岁开始悬壶济世，行医70多年，擅长外治各种疑难杂症，97岁高龄的刘老爷子，眼不花耳不聋，还能给病人号脉，前几年还经常坐飞机去给很多高校的学生讲课。

跟他的几个徒弟沟通中，我才知道，刘文利老人无儿无女，没有银行卡，更没有一分钱存款，他在济南千佛山行医多年，房子是徒弟们帮忙盖的，各种中药材也是徒弟们从全国各地带过来，帮人看病从不主动收钱，就在门口放个篮子，有几个钱给几个钱，没钱的带几个鸡蛋就来看病的也有，甚至有时候病人看完病，家里没钱过日子，就从篮子里拿些钱回去，老爷子也不计较。

去的那天下午，他听说上海来了几个想学中医的学生，传道的兴致一下子就上来了，我们一行八九个人坐在会议室，听老爷子连续讲了两个小时的中医启蒙课，他的课程通俗易懂，我作为中医门外汉也倍觉受益，我尤记得一些关键词，“医者，易也”“阳是阴生的”“寒则凝滞”“不时不食、不饥不食”“出入废则神机化灭”……

两个小时，老爷子一气讲完，也没有丝毫疲惫之感，课程结束前他还做了一个小广告，今天就讲这么多，你们想学中医，我这里不收一分钱，管吃、管住、管教，但是你们得认真学。老爷子最大的心愿，就是把他积累了70多年的经验传承下来，所以每每有人听他讲课，他必倾囊相授。

有一次，我站在他身边，他坐在椅子上，我发现他的头顶上有十几个不均匀的烫伤疤点，已经结痂并形成白斑。柳璐告诉我：老爷子是用灸高手，岁数大了还在不断探索，他在教徒弟艾灸的时候，徒弟吃不了明火灸的痛，他就让学生用他的身体灸，头顶只是一个试验点。

柳璐掀开老爷子的T恤让我看他的后背，看到他的后背一瞬间我眼泪几乎流下来了，老爷子的后背新伤旧伤数不胜数，顺着脊椎骨从脖子到腰椎左右全部都是烫伤和结痂、白斑，密密麻麻，几乎看不到一块好的皮肤。老爷子看我难受的样子，反而安慰我，灸就要痛，起水泡的灸才是好灸，人想要身体安，就要多灸。

老爷子一辈子都在跟艾灸打交道，他在四十年前创造温煦疗法方法论，这套方法论最大的价值是深度祛除人体寒湿。目前该方法结合艾灸疗法、熏蒸疗法、渗析疗法、穴位疗法于一体，能够逐渐改善多种慢性病和寒湿体质，提高人体免疫力，激发人体的自愈力。

在刘老爷子的方法论中，他不仅融合了《黄帝内经》《伤寒论》等古人智慧，更在长达70多年的实践中总结出许许多多方法论。在跟他相处的时间里，在听闻他的徒弟们谈起刘老爷子故事中，我真正感受到97岁的刘老爷子是一个看透名利、有情怀的匠人。

在社交创业时代，产品是没有温度的，即便再大的品牌，再出色的爆品，如果没有一个真实的情怀做支持，这个产品就缺少了灵魂，就容易被模仿和超越。唯有用真实的情怀打造的产品和服务，才是社交时代最强而有力的爆品。

在当下，一个动辄谈情怀的人不一定真有情怀，一个不谈情怀的人或许情怀满满，情怀不是标榜出来的，而是在做人做事的过程中绽放出来的。在社交创业时代，一个超级IP的故事可以塑造，爆品可以代工，唯独情怀做不了假，因为这个超级IP要不断和人发生关系，不断去传递他的方法论，如果他没有真实的情怀支持，这出戏他是没有办法演一辈子的。

三 爆品的两大类型

根据企业长远战略和阶段策略的不同，爆品的设计会呈现为两大类型，即引流型爆品和占位型爆品。引流型爆品的重点是引流，得粉丝者得天下；占位型爆品的重点是占位为王，抢占细分品类第一。

1. 引流型爆品承担引流作用

在社交创业的今天，创业者设计引流型爆品的目的是通过这款爆品获取大量用户，再通过用户经营继而产生更多的后续价值。

引流型爆品往往具备较高的性价比和较好的用户体验，多集中在刚需层面的消费品上，比如面膜、牙膏、肥皂、大米、水果等。

案例 56
引流型爆品——石墨烯女士内裤

高建国，烯今石墨烯纺织品创始人，是一个30年里一直从事纺织品研发的匠人。2015年起，为了攻克石墨烯纺织品，历时三年，上百次的实验，不断改进方法，终于实现了石墨烯纤维和普通纺织品纤维的完美融合。

在石墨烯产品应用阶段，高建国打算开发一系列石墨烯纺织品，涵盖袜子、毛巾、枕头、睡衣、文胸、保暖内衣等，并打算将系列产品装进石墨烯服饰专卖店，采取招商加盟的方式寻找合作伙伴。

在一次爆品思维沙龙会上，老徐果断劝阻高总放弃传统渠道模式而采用社交渠道销售，在产品上先期推出引流产品，通过引流产品教育消费者，积累粉丝，继而带动其他产品销售的爆品策略。因为传统渠道不具备教育消费者的能力，功能性服饰如果贸然杀入传统门店渠道，必然是进入重资产运营环节，尤其在当下，服饰业鲜有品牌能从传统渠道分杯羹。

在选择引流产品上，高总犹豫不决，看着自己发明的产品，每一个都爱不释手，恨不得一下子全部推向市场，恰好在这时候，高太太给了他一个中肯的建议。高太太分析认为：女士内裤市场，石墨烯的应用大有可为，因为当今女性生活压力大，妇科疾病频发，而石墨烯纤维自带抗菌、透气、防潮的特性，能够给私处洁净安心的穿着体验。

高太太调查后发现女性对内裤的要求不外乎几点：穿着轻薄、浅色、紧身的衣服，不勒出内裤印；久坐、快走的时候，不会动来动去、卡进臀缝；蹲着坐着不卷边儿，不勒大腿根和小肚子；当然啦，顺便还能提臀的话，那绝对是加分项！

在石墨烯女士内裤的功能上，这款爆品有着“防螨抗菌、快速吸湿导湿、特别透气”等特性，尤其是南方的梅雨季节，内裤在缺少阳光的沐浴后变得更易滋生细菌，而纳米级的石墨烯能有效对付各种细菌滋生。

对企业而言，石墨烯内裤为前期引流爆品最为恰当，单价66元/条，3条仅需198元，虽然比市场上大多数女士内裤略贵，但是石墨烯作为高端材料能够撑得起这个价位。

在高太太的建议下，高建国着手打造第一款引流型爆品——石墨烯女士内裤，为了让各种身材的姑娘们都能穿得合体舒适，烯今石墨烯内裤在前后超过一年的制版过程中，参考了过百人的试穿反馈，反复调整了20余次，某些部位的调整甚至精确到毫米，在内裤贴近私处的面料，加入了76%再生纤维素石墨烯纤维。

为了提升舒适性，石墨烯女士内裤的裤身面料将氨纶占比从一般锦氨面料中的8%提高到14%，使得弹性更棒，内裤对身材的包容性也就会更大。同时，86%锦纶+14%氨纶的合理配比，也保留了锦纶的高透气性、爽滑手感和细腻的珍珠光泽。夏天穿着才会不闷、不热、不粘身，洗过以后干得也非常快，出差的时候，晚上洗了早上就能穿。

高总最终打造而成的这款适合中国人身材的石墨烯女士内裤，无论站立还是行走，各种蹲姿，各种睡姿，都能不卷边、不夹臀、不紧勒。这款引流型爆品，不仅健康抗菌，还兼具颜值，更具备超强的舒适性。

爆品打造成功后，烯今石墨烯女士内裤和大号“一条”进行了深度合作，2018年3月通过“一条”三天的推广，这款引流型爆品在“一条”商城里销售了4万多条，获得了3万多种子用户。

老徐认为：引流型产品的打造一定要带着死磕的精神，不要因为用来引流就偷工减料，这个世界总会犒赏完美主义者和匠人；同时，引流型产品的价格最好设置在200元以内，消费者在购买产品的时候不会因为价格而纠结；另外，引流型产品要找到适合自己的渠道进行推广，作为消费升级倡导者的“一条”和消费升级型产品“石墨烯女士内裤”完美匹配，才有了3天4万多条内裤的销售业绩。当然，自建社交渠道（微商体系或社群体系），更需要引流型产品源源不断地获取种子用户。

2. 占位型爆品承担抢占心智的作用

“一个萝卜一个坑，一个爆品一个位”，占位型爆品是在某类细分领域中冒出的新物种，承担着该新物种是否能够持续性存在的任务，承担着抢占心智资源的任务，承载着企业战略转型的任务。

在当下，商品品牌林立，大品类机会丧失，细分品类机会时代来临。比如说，榴莲味曲奇就是曲奇中的细分品类，自发热的一次性火锅就是食品当中的细分新品类，云南白药牙膏就是牙膏中的细分新品类。抢占细分品类的话语权是打造占位型爆品的关键点，也就是让消费者想到某个细分品类，第一时间就想到了某类占位型爆品。

案例 57
刘嘉恺
用星空顶占位

刘嘉恺，禾派集成吊顶创始人，12年集成吊顶生产和研发经验，主要为建材市场的批发商提供铝扣板的集成吊顶，这12年里从0做到高峰时3000万元，前几年又跌到1000万元，在传统吊顶竞争激烈的市场，刘嘉恺发现传统吊顶的利润越来越薄，食之无味，弃之可惜。

2018年暑假，他和太太带儿子在海边度假，儿子看到满天星空的那一刻高兴地喊道：“爸爸妈妈，你们看，天上好多星星呀，有爸爸妈妈陪我看星星，真的很开心！”那夜的星空特别美，而他的眼眶一直是湿润的，作为一名忙碌的商人，平时很少有时间陪伴孩子成长，连看星星这么微不足道的小事，都等了这么久才能实现。当孩子睡后，他还在仰望星空，突然间，他灵机一动，为什么不通过自己研发的吊顶产品，把“星空”搬回家，让孩子每天在星空下入睡。

想到就去实施，毕竟在吊顶行业沉淀了10多年，刘嘉恺对吊顶的各个环节了如指掌，从铝扣板选材到彩色喷墨再到灯带的设计，每个环节他都反复打磨，尤其在流星雨设计环节，刘嘉恺采取了最新的灯带技术，让整个星空因为偶尔划过的“流星雨”而变得更加生动。

第一个星空顶就安装在儿子的房间，看到儿子惊喜地在床上跳起来，看到儿子睡前在数星星，看到儿子满足地睡在星空下，刘嘉恺无比满足，他觉得这个产品一定能够火爆，因为作为父母来说，谁不想把最美的最好的留给自己的孩子。

在星空顶打磨完成后，刘嘉恺特意邀请老徐去参观，参观考察后老徐给出5条建议：

① 注册知识产权，设置同行业进入壁垒。

② 立足占位型爆品理论，让禾派星空顶成为星空顶的代名词。

③ 不局限在儿童房，家装市场的阳台、过道、洗手间，工装市场的娱乐场所、影音室、酒店、SPA 会所都是应用场景。

④ 学习抖音，打造个人IP，形成稳定流量的粉丝池。

⑤ 传统渠道和新渠道结合，招募城市合伙人，建材市场出样品间，社交创业者参与分享经济。

短短半年，刘嘉恺的星空顶在竞争激烈的集成吊顶市场突围而出，实现了三方共赢。对渠道商来说，传统吊顶竞争大，利润薄，禾派星空顶开创了一个爆品的新品类，让其进入了无竞争的蓝海，定价权掌握在自己手上；对消费者来说，星空顶安装在家里是有温度、有情感、有爱的体验，装在会所或影音室提高了档次感；对企业来说，实现了从传统吊顶行业转型到短时间无竞争的占位型爆品领域，真正实现了利润和知名度双丰收。

本章小结

在战略层面我们要藐视“爆品”，在战术层面我们要重视“爆品”，因为在战略层面，爆品只是一个标配，只专注于爆品的打磨永远没有出头之日；但是在战术层面要无比重视爆品的打造，没有爆品，再优秀的超级 IP ＋超级内容＋超级社群也无法变现，即便取得了短期的变现，最终还是会遭到市场的打脸。

所以，本书的价值不仅仅是告诉创业者如何打磨爆品，更重要的是引导创业者在拥有标配的爆品后，如何有方向地持续死磕。

致匠人

我们告别物质匮乏
我们将迎来精神的丰盛
每个人
都会在这个时代找到愉悦

匠人们
从别人的欣赏里获得愉悦
匠人合伙人
从链接价值中获得乐趣
匠人拥趸者
因享受匠人的作品而愉悦

未来的世界
“品牌”是物质的符号
“匠人”是精神的旗帜
我们选择什么产品
代表我们是什么族群

无论是一首原创音乐
还是一件手作旗袍
无论是三指定乾坤的号脉技艺
还是三代传承的一瓶辣酱

无论是秉承古法的老白茶
还是不断追求创新的面膜
无论是一双小筷子的微创新
还是一次柴米油盐的革命

让我们愉悦的
不再是一个符号
不再是一个冰冷的产品

而是
商品和服务背后
那富有深蕴的
匠人精神

爆品思维受益者留言

我们丽拉涂秉承匠心精神，打造高性能水性工业涂料，具有硬度高、防火、防污、不易划伤、水性环保的特点，我们坚信：唯有匠心精神才有机会打造爆品。

——丽拉涂创始人：何启坤

在爆品思维的指导下，我们打造了一款由49种菌类组成的功能性冲剂食品：全菌素，利五脏，调脾胃，清血液，强免疫，重塑了“一荤一素一菌菇”的新健康饮食理念。

——全菌素联合创始人：吴桂斌

在徐老师的建议下，“三聚财富酱香酒”建立了“专业好酒、匠心至拙”的产品理念，坚持把闻香美感放在第一位，口味丰满放在第二位，柔和年份放在最后一位。

——三聚财富酱香酒创始人：陈小兵

什么是超级IP，比如，在中国，讲到爆品思维，徐老师是当之无愧的第一人；在华东地区，讲到税务筹划及稽查应对，张伟华正在朝第一人的路上前行。

——税务筹划专家：张伟华

爆品思维为森敏婴童抗菌洗护提供了方法论，我们用一款极致爆品：抗菌湿巾进行引流，高性价比，极致体验，采用新零售模式，半年时间招募了超过300位官方代理。

——森敏创始人：赵晓庆

TVC的黄金时代已经结束，短视频的黄金时代已经来临。作为传统的影视广告导演，在徐老师发起的匠群会社群里，我不仅有所感悟并成功转型成短视频导演，更收获了许多匠人型客户。

——纳高影视创始人、导演：温东伟

在物资如此丰富的时代，爆品思维非常具有独特性和吸引力，它让我们企业在发展过程中拒绝了不想干的诱惑，指导我们匠心专注时尚女装毛衣研发、生产。

——云展服饰创始人：王雪松

爆品思维是一套完整的创业系统，它指导我们“温州YOU选”搭建了用户与服务商双边共享平台，提供让客户尖叫的生活服务和产品。

——温州YOU选创始人：陈发兴

老徐的爆品思维+社群运营+短视频营销，是当下带货风口的最佳组合！鞋芭莎将科技赋能传统制鞋行业，专注于科技功能鞋爆品！

——鞋芭莎科技创始人：周良利

鸡包渔主打粤菜，鸡肉和海鲜的完美结合，在爆品思维的指导下，我们的食材在烹煮过程中，拒绝鸡精，杜绝味精，健康养生，同时发挥食材本身的原汁原味，让食客们吸收天然的精华。

——南京鸡包渔创始人：潘锦峰

在老徐的指导下，炉边夜话烧烤火锅店正式落地上海，集新式炉具+餐饮+烧烤+火锅+酒吧于一体，是一个抒情、释放、感受火热氛围的餐厅新物种。

——炉边夜话创始人：夏伟铭

用户只要有痛点，就存在爆品打造的机会。我们发现了用户在洗手间的各种痛点，不断死磕产品，不断改善产品用户体验，终于研发出一款“浴宝”，半年时间将这个新品类成功推向市场。

——怀里浴宝创始人：王子宝

女性健康是一个非常大的市场类别，在徐老师的指导下，我们栀名乳康保健贴聚焦小品类，致力于打造一款女性居家必备的保养品，并采取了社交新零售的模式开拓市场。

——栀名乳康保健贴创始人：蒋焰霞

社交新零售仅仅有爆品是不够的，还需要内容系统、软件系统、培训商学院系统等，在和老徐的多次协作中，我们坚定了方向：蚂蚁销客正是致力于培养并孵化社交新零售的创始团队。

——蚂蚁销客创始人：饼戈

真老陕的使命是传承两千年陕西小吃制作手艺，创业6年来，我们信念坚定，做工业潮流的逆行者，遇到徐老师，参与苏州匠群会，同频共振，收获匪浅！

——真老陕创始人、CEO：郭青杰

向老徐学习爆品思维和社群运营后，我独立开发一款360度爆品狙击沙盘模拟课程，该课程充满互动体验，是一种新颖独特的爆品狙击沙盘课程。

——跨智首席沙盘设计师：赵胜利

无爆品、不营销。在新风行业里，果麦新风是爆品的坚定拥趸者，我们打造的家用壁挂式新风机，不仅能高效净化空气，还能除甲醛、防雾霾。利用核心技术，打造属于自己的爆品。

——果麦新风副总裁：王大春

传统建材行业面临着巨大的升级转型压力，徐老师在各个行业都有涉猎，有多年互联网营销实操经验，他的《爆品思维》针对各个行业的企业主都是一次真知意义上的思想盛宴。

——顶善美集成吊顶创始人：王效春

佰岁邦智能足疗机采用智能仿生技术，内置18种按摩手法，自动找穴，对双脚“推、捏、按、揉”，我认为只有让用户“爽得尖叫”，才是真正的好爆品。

——佰岁邦智能足疗机：夏春喜

老徐死磕《爆品思维》的匠人精神着实让我佩服，《爆品思维》的每句话都闪烁着他的智慧与“犟”劲！这是帮助传统企业转型与提升业绩的指南针！

——幸福快车装修辅料CEO：郝永朝

创业者不一定需要读万卷书，但一定要读老徐的书，因为老徐这本书可以帮你指路，“爆品思维＋社交新零售”可以赋能更多匠人企业家实体商线下流量N次变现。

——有播超级直播达人：华哥ID499137

在老徐“爆品思维”的引领下，我们采取了社交新零售模式，让我们“只有健康的头皮和毛囊，才会生长出健康的头发”的理念获得了大量的粉丝。

——乐梳浓创始人：李雪逢

老徐的“爆品思维”，助力我们为三农企业提供精准的农业电子商务服务，金农网力争成为领先的数字农业服务商。

——金农网联合创始人：刘艳

非常认可徐老师“每个创业者都应该打造超级IP”这个观点，作为抖素商学院的合伙人，我的责任是结合短视频风口，为创业者量身定制IP的打造方案。

——抖素商学院合伙人：彭功学

社交时代“最大的爆品是人品”，徐老师的爆品有二，此书为一，此人为二，他对待社群成员如同家人般的爱，对待前来咨询的创业者提供不厌其烦的教导。

——散打哥团队：一凡

认知比事实更重要，体验比价值更重要。白酒更需要社群导流，转化用户，开展沉浸式的体验才能更好地拥抱时代。

——白酒营销资深专家：卢子玉

捕捉市场需求行情、顺应市场发展，全面细致、贴合市场，是每一位匠人、创客必须具备的思维方式，老徐的“爆品思维”独具一格，是帮助你我在商战中力挽狂澜、稳中求进的法宝。

——　一品经络养生创始人：兆辉

老徐的“爆品思维”与社群运营对我和我的团队影响很大，让我们坚定了“十年只做一件事”的匠人精神，让我们明白做好一个楼盘需要极致产品与极致服务。

——河南鑫红地产经纪：雷孝亭

思路决定出路，在徐老师的指导下，我们从一家健康管理师培训公司，转型为一家拥有多个健康教育IP的内容变现公司。

——恒起健康教育创始人：叶明珏

徐老师的“爆品思维”与“社群营销模式”，真正做到了真理性、实践性、创新性的有机统一，这对我的思维方式和从业逻辑有着深刻的影响，获益匪浅。

——独立策划人：素章

在大健康产业转型升级浪潮的今天，“爆品思维”不仅能指导我们健康行业打造爆品，更能指导我们合理规划内容体系并组建社群流量池。

——温州大健康老兵：丁毓富

老徐的“爆品思维”让更多的创业者深刻理解：在产品过剩，价格血拼的时代，如何打造自己独有杀手锏，并能一招制胜，迅速在行业里脱颖而出。

——老人笑了创始人：张锦昆

老徐的《爆品思维》和独特的社群运营方式给我带来很多启发，在做叉车销售的过程中受益匪浅，整本书值得做产品和做销售的人深度阅读。

——林德叉车销售总监：张昂

在这个全民卖货的时代，消费者需要眼前一亮、贴近生活、经久耐用的爆品，这就必须用正确的理论作指导，还在苦苦探索、迷茫的朋友，老徐的《爆品思维2》将是不二之选。

——慧果造物创始人：陈飞

在徐老师的指导下，我对公司现有艾灸和养生膏方产品线进行了全新梳理，把每一款产品做精、做细，精雕细琢做成爆品，成为市场同类竞品的佼佼者。

——尚华生物创始人：磊哥

当下，医美行业获客成本非常高，在跟随徐老师学习“爆品思维”的过程中，我们找到通过组建社群的方法以及建立合伙人的体系，形成了有效的获客渠道，大大降低了获客成本。

——沪上医美团队：汪珺雅

会选平台在“爆品思维”的指导下，通过市场调研和客户回访对现有产品进行梳理，甄选了太平猴魁作为占位爆品，将优势资源向太平猴魁倾斜，使之迅速得到市场的关注。

——会选平台创始人：程习毅

创业者和企业主面临的最大障碍不是术层面的，而是道层面的。在术层面，读透《爆品思维》就可，在道层面，搞定自己这件事，你需要找徐瑞泰来一次面对面的深入交流。

——瑞泰私董会创始人：徐瑞泰

老徐的“爆品思维”点燃了我的“心脏健康管理服务”事业，我们的便携式心电仪，体积小到可以放在钱夹中随身带随时用，以中国人心脏数据的AI算法为核心，配以24小时在线健康管家服务。

——健康财富教练：郑老师

只有高手才能给到你真知灼见，如果你想起盘社交新零售，你一定要想办法见见老徐；如果你选择创业方向，选择社交新零售项目是当下不错的方向，

——娃哈哈新零售核心合伙人：林琳

小品类做到极致也有大市场，在“爆品思维”的指导下，酷太厨房专注于厨房收纳系统这个小品类，三年时间悄然成长为行业知名品牌。

——酷太厨房创始人：徐卓力

随着舒适家居时代的来临，舒适家居行业存在大量的维修保养痛点，在向徐老师咨询后，我们清晰了以用户思维为导向，采取营销“三步走”策略，完善舒适管家的服务系统。

——舒适家管家服务平台创始人：徐艳

在社交创业时代，爆品思维具有很好的指导意义，它给更多小微创业者在创业过程中提供切实可行的解决方案。

——百岁森林代理：程彬

通过对老徐“爆品思维”的学习，我们团队充分意识到以创造客户利益最大化为中心的精髓服务理念，极大促进了“全球房产家居建材新零售平台——旺楼厅”商业模式的迅速完善。

——旺楼厅创始人：赵刚

“爆品思维”不仅适合产品型企业，也同样适用于养生服务行业，在徐老师的指导下，我们采取社群方式启动了合伙人制度，迅速在上海建立了多个养生门店。

——艾孝健康逆龄中医养生：杨冬梅

牙小白小程序是一个服务于全国口腔医疗诊所的在线平台，在启动样本市场的时候，我们借鉴了“爆品思维”的理念，并结合社群营销快速启动了样本市场。

——牙小白创始人：毛振宇

好产品与好模式结合才有机会开花结果，浩泽净水器在上海商务写字楼市场推广，我们参考了老徐的“爆品思维”和社群运营，快速获得了大量客户。

——浩泽净水上海核心代理：梁毅

在老徐的“爆品思维”和社群智慧指导下，我们组建了以新零售、新社群、新商业的“社交新零售AI商学院”赋能助力平台，只为让天下中小企业更轻松进行数智化转型升级。

——AI+商学院执行院长：城哥

国人对睡眠的改善需求迎来井喷式爆发，能随心所欲调整睡觉姿势的智能床垫是升级睡眠不可或缺的好物。“爆品智能床垫+新睡眠理念+新商业模式”会给更多人带去健康睡眠。

——智能床垫首倡者：查歆

在《爆品思维》的启发下，我们开发出富含106种谷物营养成分的“摇摇谷昔”，打造适合细胞爱吃的营养早餐。

——国药莲集市场总裁：陈泫